Menu: Como Montar um Cardápio Eficiente

Menu: Como Montar um Cardápio Eficiente

Frederico Vasconcellos

Especialista em Hotelaria pelo SENAC/CET - SP
Professor de Hotelaria e Turismo
Consultor de hotéis, bares e restaurantes

Eudemar Cavalcanti

Chef de Cozinha
Consultor de Alimentos e Bebidas
Empresário no Ramo de Massas Artesanais

Lourdes Barbosa

Mestre em Administração pela UFPE
Especialista em Hotelaria pela UFMG/SENAC – MG
Professora de Hotelaria
Coordenadora do Curso de Bacharelado em Hotelaria da Universidade Federal de Pernambuco
Consultora de hotéis, bares e restaurantes

ROCA

ISBN: 85-7241-371-5

Dados Internacionais de Catalogação na Publicação (CIP)
(Câmara Brasileira do Livro, SP, Brasil)

Vasconcellos, Frederico
Menu : como montar um cardápio eficiente / Frederico Vasconcellos, Eudemar Cavalcanti, Lourdes Barbosa. -- São Paulo : Roca, 2002.

Bibliografia.
ISBN 85-7241-371-5

1. Alimentos 2. Cardápios – Elaboração 3. Culinária I. Cavalcanti, Eudemar. II. Barbosa, Lourdes. III. Título.

01–6006 CDD–642

Índices para catálogo sistemático:
1. Cardápios : Elaboração 642

2002

EDITORA ROCA LTDA.
Rua Dr. Cesário Mota Jr., 73
CEP 01221-020 – São Paulo – SP
Tel.: (11) 221-8609 – FAX: (11) 3331-8653
e-mail: edroca@uol.com.br – www.editoraroca.com.br

Impresso no Brasil
Printed in Brazil

Prefácio

As ações humanas são geralmente caracterizadas pela presença de duas vertentes quanto ao uso que se possa fazer delas: uma positiva e outra negativa. O fato de estarmos vivenciando uma era de comunicação, reforçando o sentido e significado da afirmativa anterior, traz também seus aspectos positivos e negativos. A facilidade com que hoje as pessoas podem se comunicar, criar informações e disseminá-las está intrinsecamente relacionada com esta característica dicotômica, cuja aplicabilidade pode implicar na realização de coisas boas ou más para os indivíduos. Nesse contexto, essas ações afetam ou podem afetar tanto aqueles que produzem, como aqueles que recebem as informações.

Muitas vezes, bons profissionais, com estofo, seriedade e competência, são preteridos nos seus ensinamentos, comunicações e publicações, dando lugar ao surgimento de outros vazios, não sérios e incompetentes que, em face do cenário atual da comunicação, lançam seus ensinamentos, comunicações e publicações de forma meramente especulativa e com um estrondoso e retumbante sucesso. Isso gera um verdadeiro caos, pois nem sempre prevalece a comunicação adequada e correta.

Poucas são as ações que não se enquadram nesse panorama dicotômico comentado. Uma delas é, sem dúvida, o lançamento do livro ***Menu*: como montar um cardápio eficiente**, dos professores Frederico Vasconcellos, Eudemar Cavalcanti e Lourdes Barbosa.

Obra séria e importante para tratar de um assunto que na maioria das vezes não é tratado com o devido significado, importância e seriedade; aliás, uma outra característica comportamental humana, tratar como trivial aquilo que é repetidamente realizado. Porém, de trivial, o livro ***Menu:* como montar um cardápio eficiente** não apresenta ou traz absolutamente nada.

O livro encontra-se dividido em duas grandes partes. Na primeira, os autores dissecam, de forma leve e mediante um estilo claro, interessante histórico acerca do surgimento dos restaurantes e dos cardápios, o estudo pormenorizado de seus diversos formatos e a explicação dos passos necessários para o seu desenvolvimento e criação, "nivelando" o conhecimento dos seus leitores.

Uma vez conscientizados e informados, os leitores, sobre o escopo central do livro, os autores, com muita propriedade, domínio, segurança e competência de quem efetivamente conhece na teoria e na prática essa atividade, passam a enfocar, na segunda parte, mais técnica e descritiva, com mais profundidade o tema cardápio, apresentando os aspectos mais importantes do seu processo de montagem e criação, estruturação da ficha técnica e dos métodos formais e informais do processo de "precificação".

O livro é concluído com a apresentação de um elenco de questões avaliativas sobre a análise de um cardápio e que podem, certamente, contribuir para a formação de um roteiro básico para aqueles que tencionam realizar empreendimentos em bares, restaurantes e/ou estabelecimentos de *fast-food*.

Trabalho de fôlego e vulto, vem eliminar uma grande lacuna existente no mercado editorial brasileiro, voltado para o segmento de alimentos e bebidas. ***Menu:* como montar um cardápio eficiente**, incontestavelmente, pode ser classificado como uma exceção à regra da ditadura dicotômica anteriormente comentada, uma vez que nele só podemos encontrar aspectos positivos. Recomendo com muita ênfase para os estudantes de hotelaria, profissionais da área e para o público interessado nas coisas relacionadas com a boa mesa.

Djailton de Araújo
Diretor
Núcleo de Hotelaria e Turismo
Universidade Federal de Pernambuco

Agradecimentos

A Djailton de Araújo, pelo carinho e ajuda; a André Luiz Silva, pelas fotos; a Jorge Bittencourt Romaguera Júnior, pelo espaço no Restaurante Pantagruel e a todos que, direta ou indiretamente, contribuíram para o término desta obra e, principalmente, aos que duvidaram que um dia ela estaria acabada, sendo estes, sem saber, os maiores incentivadores.

Introdução

A palavra *menu* vem do francês, tendo origem latina e significa lista detalhada ou minuciosa. Assim, sua função primordial é informar quais os pratos servidos pela casa, de modo que o cliente possa montar sua refeição.

Embora a carta de comidas seja, usualmente, denominada "Cardápio", "Menu" ou "Carta", não se deve confundir o que seja um *Menu* com o que seja uma *Carte de Mets* (carta de comidas), pois um profissional atuante na área de Alimentos e Bebidas deve ter conhecimento sobre o máximo de detalhes pertinentes a esse assunto.

O *menu* engloba um determinado número de pratos, previamente definidos e dispostos em seqüência para compor uma refeição completa. Esta seqüência começa com os pratos mais leves, evoluindo para os mais consistentes e terminando pelos mais delicados e/ou finos.

Uma carta de comidas simplesmente lista as preparações culinárias executadas pela casa, sem a preocupação com a ordem em que devem aparecer, bem como com o detalhamento de cada prato.

A função básica do *menu*, ou cardápio, é informar o que se encontra à disposição da clientela. Junto aos nomes dos pratos devem figurar seus respectivos preços, para que o cliente verifique se acha justo pagar aquele valor por aquela iguaria ou, até, se pode ou não pagar aquele preço, evitando constrangimentos e problemas na hora da apresentação da conta. É engano pensar que o pagamento da conta, pelo cliente, encerra o serviço do restaurante. Em verdade, isso só se dará depois de sua efetiva saída. Em casas que oferecem serviço de manobrista, por exemplo, o serviço só terminará depois da entrega do veículo ao seu condutor.

A importância do cardápio é grande, pois é a primeira determinação do restaurante, ou seja, é a primeira coisa a ser feita. A partir dele serão relacionados equipamentos e utensílios necessários para preparar e servir os pratos listados. De acordo, ainda, com os equipamentos a serem adquiridos é que o operador, ou gestor, irá dimensionar as áreas de sua casa.

Que tamanho deverá ter a cozinha do restaurante? Precisará de câmaras frigoríficas? Que equipamentos precisará ter para confeccionar os pratos? Essas e outras perguntas serão respondidas com base nas preparações eleitas para formarem a carta do restaurante e a disponibilidade dos fornecedores da casa. Assim, se uma casa for trabalhar com matéria-prima importada de outra região do país ou do mundo, precisará ter espaço para armazená-la, uma vez que o abastecimento diário será, praticamente, impossível ou, no mínimo, dispendioso. O cardápio também ajuda a determinar a montagem dos pratos, levando-se em conta vários requisitos, entre os quais os aspectos sanitários, os costumes e a cultura do público.

Um exemplo prático é querer colocar um *petit gateau (pequeno bolo francês, com consistência interna de mousse)* na lista de sobremesas. Esta iguaria precisa, para sua preparação, de um forno de inversão ou combinado, no qual se pode efetivamente controlar a temperatura, pois a receita requer que o prato seja colocado no forno a 300°C, por três minutos, nem mais e nem menos. Um equipamento desse custa cerca de quinze mil reais. Vale a pena ser comprado se outras preparações fizerem uso dele, caso contrário, é melhor não adicionar essa sobremesa ao cardápio.

Para um restaurante já em funcionamento, deve-se verificar a existência de equipamento e utensílios necessários ao serviço.

Índice

Histórico

Ao que se sabe, as primeiras casas que serviram refeições, numa época em que ainda não se empregava a denominação "restaurante" para distinguir esses estabelecimentos, não usavam cardápios escritos. Os garçons guardavam na memória os pratos disponíveis, mesmo porque estes eram mudados todos os dias.

No intuito de oferecer um entretenimento até certo ponto teatral, muitos restaurantes insistiam que seus garçons falassem para os clientes a respeito das especialidades servidas no dia, o que muitas vezes pode ter sido considerado ridículo pelos próprios garçons e clientes.

Alguns restaurantes de Paris adotaram o sistema de listar os pratos oferecidos em um quadro que ficava na entrada do restaurante ou dependurado na parede, de modo que seus clientes pudessem escolher melhor o que pediriam, tal como vemos ainda hoje em restaurantes mais simples, do tipo que servem os chamados PF (pratos feitos).

Passado algum tempo, alguns desses restaurantes descobriram que o atendimento e a forma de se fazer o serviço de mesa eram fatores que agregavam valor para os clientes e, com esse intuito, passaram a escrever o cardápio em tábuas menores, para que os garçons as pendurassem na cintura, de modo que pudessem ler quando tivessem dúvida sobre algum dos pratos servidos. Curiosidade interessante é a posição na qual esse cardápio era carregado, de cabeça para baixo, pois a idéia era facilitar a visualização do garçom, não dos comensais. Assim, o garçom apenas a levantava e tinha condições de ver toda a lista.

Alguns clientes passaram a solicitar aos garçons que lhes fosse entregue a tábua que traziam pendurada à cinta, para que pudessem escolher melhor seus pratos. Assim, ela passou a ser mais bem elaborada no seu aspecto visual. O costume difundiu-se por todo o mundo, de modo que, ainda hoje, os garçons usam o cardápio. Hoje, os cardápios não estão mais pendurados à cinta dos garçons, mas em suas mãos, para serem entregues aos clientes, nas mesas, para escolha dos pratos (Fig. 1).

Figura 1 – Cardápio impresso nas mãos de um cliente. (Cortesia do Restaurante Pantagruel, Recife-PE)

Os cardápios deixaram de ser "esculpidos" na madeira e passaram a ser impressos em papel, possibilitando modificações ou substituições quando necessário e contando, em alguns casos, com várias páginas.

Os pratos devem ser listados numa seqüência lógica, sempre com vistas à facilitação da escolha pelo comensal ou cliente. Desse modo convencionou-se uma forma de listar as preparações da casa.

Formas

Embora a estrutura do *menu*, ou cardápio, continue basicamente igual, algumas modificações se fazem notar no decorrer da História, por conta de novas circunstâncias, como a evolução natural das coisas, o que levou a mudanças nos hábitos alimentares das pessoas. Então, da mesma maneira que os conhecimentos humanos evoluíram, as formas de apresentação dos cardápios também o fizeram.

Falaremos das três formas mais importantes: clássica, moderna e simplificada.

Forma Clássica

Criada na Idade Moderna, quando a humanidade voltou ao seu processo de civilização, interrompido pelo período conhecido como Idade das Trevas (Idade Média), sendo composta por treze serviços, segundo a culinária francesa, que se consagrou internacionalmente, servindo até os dias atuais como referência. Os serviços são:

1. Hors-d'oeuvre froids	Entradas frias
2. Potages	Sopas
3. Hors-d'oeuvre chauds	Entradas quentes
4. Poissons	Pescados
5. Groses pièces	Pedaços inteiros de carne
6. Entrées	Pedaços de carne "porcionados"
7. Sorbets	Sorvetes de frutas

8. Rôtis chauds, salades	Assados quentes, saladas
9. Rôtis froids	Assados frios
10. Légumes	Legumes
11. Entremets	Produtos de confeitaria
12. Savouries	Especialidades apimentadas
13. Desserts	Sobremesas

Nota: Embora vejamos restaurantes usando a palavra *entrée* significando entrada e apesar de sua tradução literal ser esta, o termo designa as preparações servidas antes dos assados, com pratos à base de miúdos, sangue, embutidos e carnes em pequenas porções, podendo ser de animais de criação ou caça.

O costume da época era uma refeição ser composta por todos esses serviços, de modo que um jantar poderia se estender por cinco ou seis horas. Não se misturavam os serviços, ou seja, não se comia um assado frio com legume. Só após terminar o assado a pessoa era servida dos legumes.

Na época dos grandes banquetes oferecidos por reis e grandes nobres, era permitido às pessoas comer até não agüentar mais, vomitar e voltar a comer, pois se apreciava a quantidade em detrimento da qualidade da comida. Com o tempo, os costumes mudaram, ajudados pelo advento do processo de civilização da humanidade, quando a prática citada não era mais vista como sendo de bom-tom.

Fato ainda comentado pelas pessoas é que restaurantes de cozinha clássica francesa têm porções muito reduzidas, fazendo com que se saia de uma refeição ainda com fome. Isso acontece porque se deve degustar um pouco de cada serviço para se conseguir provar todos. Mas é importante frisar que tal percepção se dá por conta do choque de culturas. Na cultura brasileira não se faz, normalmente, uma refeição com tantos serviços, pois se monta um prato com várias das preparações que os formam.

Forma Moderna

Tem esse nome não por ser a forma mais utilizada atualmente, mas por ter sido desenvolvida no auge da Idade

Moderna e derivada, logicamente, da Forma Clássica, sendo o resultado de uma significativa mudança nos hábitos alimentares, apresentando um número menor de serviços, com alguns dos itens sendo agrupados em outras categorias, mostrando a seguinte configuração:

1. Hors-d'oeuvre froids	Entradas frias
2. Potages	Sopas
3. Hors-d'oeuvre chauds	Entradas quentes
4. Poissons	Pescados
5. Entrées	Pedaços de carne "porcionados"
6. Plats du jour	Pratos do dia
7. Rôtis	Assados
8. Légumes	Legumes
9. Entremets	Produtos de confeitaria
10. Desserts	Sobremesas

Notam-se, então, algumas modificações significativas:

Foram suprimidas as especialidades altamente apimentadas (*savouries*), por deixarem de ser tão apreciadas. A pimenta já foi até sinal de riqueza, sendo usada como símbolo da fortuna real nas cerimônias de coroação. O que ainda é visto na Inglaterra, por exemplo. A iguaria passou a ser menos utilizada na cozinha até que esse tipo de serviço deixou de ser procurado pelos comensais.

Deixou de haver distinção entre assados frios e quentes, passando a chamarem-se apenas *rôtis*, servidos juntos ou apenas um tipo.

O *sorbet*, um sorvete de frutas cítricas muito leve, preparado sem leite, apenas com o suco de frutas e açúcar, comportando, eventualmente, alguma bebida alcóolica, foi absorvido pelas sobremesas (*desserts*) e passando a ser consumido depois da refeição. Antes, tinha a função de "limpar" o paladar do comensal entre pratos de sabores fortes, para que pudessem ser mais bem aproveitados.

Com o aumento da sofisticação, houve a troca de *groses pièces* (pedaços inteiros), não mais elegantes à mesa (mesmo porque definitivamente se deixou de comer com as mãos, sendo necessários talheres para todos os pratos), por *plats du jour* (prato do dia), o que chamamos hoje de prato principal da refeição.

Nota-se, ainda, nessa época, a elaboração de cartas separadas para homens e mulheres, tendo como diferença apenas o fato de a segunda não contar com a lista de preços. Aliás, costume ainda empregado em algumas casas muito requintadas.

Forma Simplificada

Na Idade Contemporânea, o cardápio ficou ainda mais enxuto com a aglutinação de alguns serviços, tornando o *menu* mais leve sob o aspecto do número de categorias de preparações. A refeição passou a ser composta, no máximo, por seis serviços. Outra mudança significativa foi a extinção da obrigatoriedade dos termos em francês, o que muito facilitou a vida dos donos de restaurantes de todo o mundo.

A formação atualmente utilizada é:

1. Entradas frias
2. Sopas
3. Entradas quentes ou
   Massas e ovos
4. Pescados
   Aves
   Carnes
5. Queijos
6. Sobremesas

Dentro do novo conceito/modelo de cartas, notamos como principais características: pescados, aves e carnes formam os pratos principais e são listados, dentro de seus grupos, sempre do mais leve ao mais consistente. É costume que o comensal escolha ave, peixe ou carne, sendo raras as vezes em que se pede mais que um tipo de proteína animal; os legumes passaram a ser guarnições dos pratos, não mais constituindo um serviço à parte; o serviço de queijos passou a ser oferecido e, apesar de aparecer antes das sobremesas, pode ser feito em qualquer ponto da refeição, ou seja, pode ser servido como entrada, como ingrediente do prato intermediário, como guarnição do prato principal ou como maneira de encerrar a refeição, antes da degustação das delícias da *pâtisserie (confeitaria)*, apresentados dos mais claros ao mais escuros, dos mais suaves aos mais consistentes, de sabores mais evidentes.

Nos dias atuais, um cardápio requintado é formado por:

1. Entrada fria
2. Entrada quente
3. Prato intermediário
4. *Sorbet*
5. Prato principal
6. Sobremesa

Nota-se aqui um prato intermediário também composto por proteína animal, que deverá, obrigatoriamente, ser de paladar mais leve que o prato principal. Para propiciar a não "camuflagem" do sabor do prato principal, pode ser servido um *sorbet* para "limpar" o paladar do comensal entre os dois. Por exemplo: servir um peixe na manteiga como prato intermediário de uma carne bem condimentada ou com molho forte. Vale ainda ressaltar que esta prática não é muito utilizada no Brasil.

Na cultura brasileira, a maioria das refeições é composta por:

1. Uma entrada ou, no máximo e em poucos casos, duas (fria e quente)
2. Prato principal
3. Sobremesa

Formato de Cartas

Hoje em dia são utilizadas todas as formas de cardápio.

Vemos restaurantes que afixam seu cardápio em uma lousa *(quadro no qual se pode escrever, quadro-negro)* ou tabela, colocada numa parede de fácil visualização por todos os clientes, como é o caso da maioria dos restaurantes de *fast food (comida preparada rapidamente. O termo designa os restaurantes que trabalham com tais preparações)*, mostrando, ao contrário do que se pensa, que não apenas os restaurantes mais populares fazem uso desse formato. Contudo, existem aqueles que, apesar da lousa, empregam a carta tradicional, na qual estão listados todos os ingredientes dos pratos, usando a tabela maior como um atrativo, já que a visualização, ali, dos ingredientes, seria difícil para os comensais.

No sistema *à la carte*, no qual se usam as cartas impressas, notam-se vários tipos e formatos. Alguns restaurantes começaram a elaborar cartas em formatos diversos, de flores a corações. Hoje, vemos uma volta ao modelo tradicional, retangular, mas ainda admitindo uma grande variedade de tipos, entre os quais destacamos:

Simples – Aquele em que apenas uma folha (duas páginas) é usada para informar aos clientes as opções de preparações culinárias oferecidas pelo estabelecimento.

Frente

Bar do Chef

Saladas
- Waldorf
- Do *Chef*
- Caesar

Sopas
- Aspargos
- Beterraba
- Cebola

Massas
- Rigatoni
- Capelletti
- Risoto de crustáceos

Pescados
- Camarão à grega
- Lagosta à la thermidor
- Peixe à la belle meunière

Aves
- Faisão assado
- Perdiz ao molho
- Frango à cubana

Carnes
- Filé diplomata
- Filé à Chateaubriand
- Strogonoff de filé

Verso

Bar do Chef

Bebidas
- Vinhos { Nacionais / Importados
- Cervejas { Clara / Escura
- Refrigerantes
- Destilados
- Quentes { Café / Chá

Petiscos
- Filé com fritas
- Bolinha de queijo
- Empada
- Gurjão
- Esfiha
- Cebola gratinada
- Tábua de frios
- Tábua de queijos

Uma dobra – Este tipo permite empregar quatro páginas, com uma dobra central, sendo o mais facilmente encontrado (Fig. 2). Os cardápios formados por várias páginas são assim considerados, embora alguns restaurantes montem um verdadeiro livro, com páginas demais, o que dificulta a escolha.

Figura 2 – Cardápio de uma dobra. (Cortesia do Restaurante Pantagruel, Recife-PE)

A estrutura deste tipo é a seguinte:

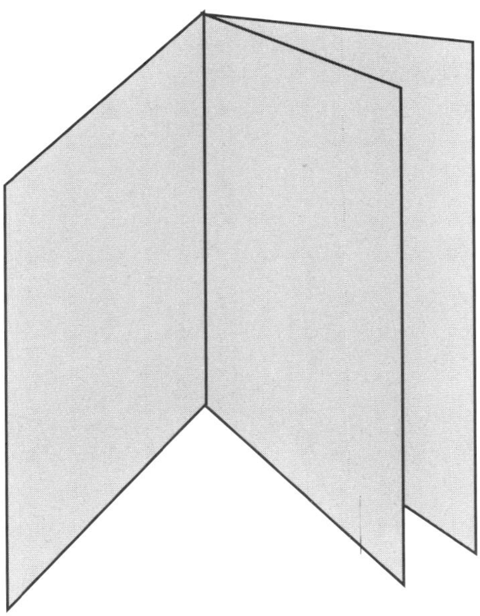

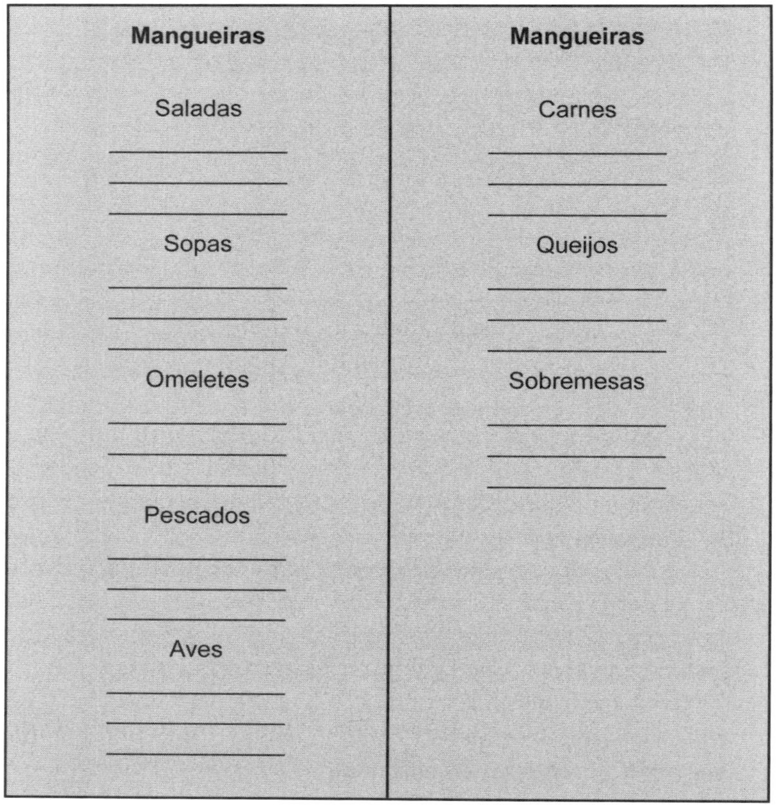

Duas dobras – Impresso em uma grande folha dobrada duas vezes, é mais usado por restaurantes destinados ao público jovem, como os *fast foods* ou bares, tendo a seguinte estrutura:

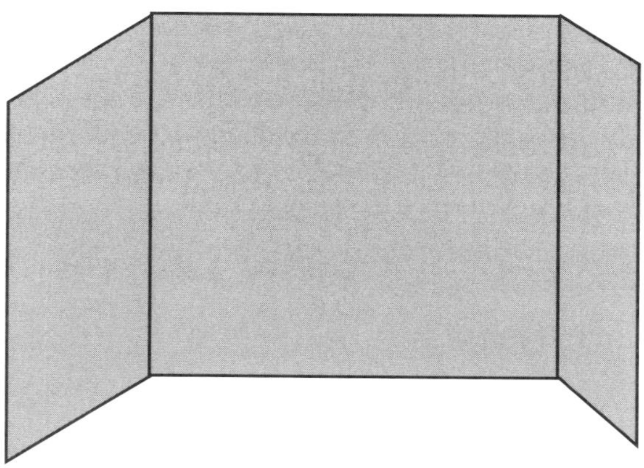

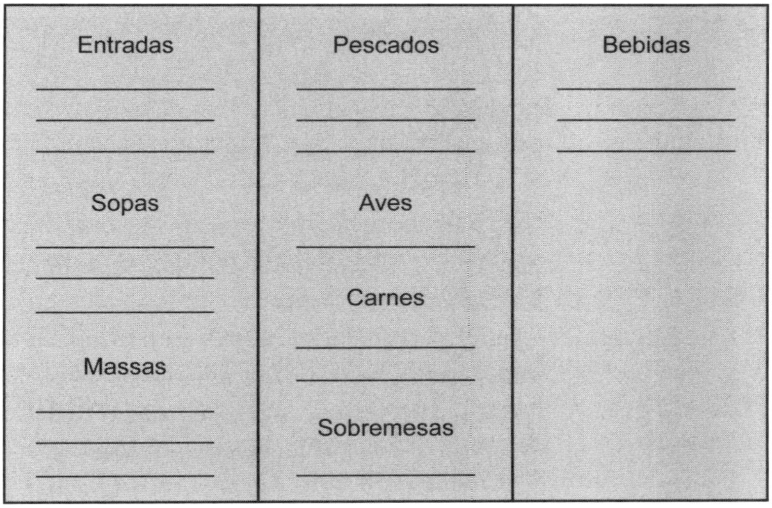

É importante ressaltar que os grupos de preparação não são obrigados a aparecer nas páginas designadas no exemplo, sendo imperativa apenas a ordem de apresentação, isto é, o fato do grupo MASSAS aparecer na primeira página não quer dizer que em todos os cardápios de duas dobras isso tenha que acontecer. Vai depender da quantidade de preparações listadas nos grupos anteriores e do enfoque que o *restauranteur* queira dar a este.

Desenvolvimento da Carta

Muita gente pensa que um cardápio pode ser montado apenas de acordo com a vontade do dono, ou gerente, do restaurante, com os pratos feitos por sua avó ou algo parecido. Nada contra as receitas de família, são até ótimos diferenciais, desde que algumas questões básicas sejam respeitadas.

Tipos de Restaurantes

(Fig. 3)

Figura 3 – Salão de um restaurante com sua mise en place. (Cortesia do Restaurante Pantagruel, Recife-PE)

Antes de decidirmos o cardápio, precisamos determinar o tipo do nosso restaurante, pois cada tipo tem um cardápio específico.

Podemos citar, basicamente, três tipos de restaurantes:

Restaurante Internacional – Serve pratos de várias partes do mundo além dos conhecidos internacionalmente, como o são o filé à Chateaubriand, a salada Caesar *(à base de alface romana, com molho composto de azeite, vinagre, queijo ralado, alho, mostarda, pimenta, gemas de ovo e anchovas moídas. Muito popular nos Estados Unidos)* e a salada Waldorf *(maçã verde em cubos, salsão, nozes e maionese)*.

Restaurante de Especialidades – Especializado numa cozinha específica, que pode ser de um determinado país (França, Alemanha, Itália, Grécia, Japão, etc.), em determinado tipo de comida (massas, carnes, frutos do mar, etc.), ou em determinado método de cocção *(formas de preparar um alimento. Assados, grelhados, flambados, etc.)*. Normalmente, restaurantes desse gênero são menores que os internacionais, com menor número de mesas e assentos para os comensais e o serviço deve ser típico da região ou específico para o tipo de comida.

***Coffee Shop* ou Cafeteria** – Tem poucos assentos e os pratos servidos são de rápido preparo e serviço, preços mais acessíveis e móveis não tão confortáveis quanto os dos demais restaurantes, para favorecer a alta rotatividade que propicia o aumento de seu faturamento.

Sistemas

Temos ainda o sistema de trabalho que cada restaurante segue, que pode ser:

À la carte – O cliente escolhe seu prato num cardápio que possa lhe oferecer várias alternativas. Depois da escolha o pedido é encaminhado à cozinha e o prato é preparado (Fig. 4).

Figura 4 – Restaurante à la carte. (Cortesia do Restaurante Pantagruel, Recife-PE)

Buffet – É o nome dado a um móvel sobre o qual são colocadas as comidas. Os restaurantes que têm os pratos expostos sobre algum móvel, que pode ser mesa, carrinho ou balcão (térmico ou não) são assim chamados. O termo é de origem francesa, mas já foi aportuguesado, podendo ser chamado de bufê.

Table d'hôte – Os comensais podem escolher entre cardápios já determinados, formados por uma entrada, um prato principal e uma sobremesa, normalmente com três opções diferentes, sem que eles tenham a possibilidade de misturar a entrada de um cardápio com o prato principal de outro, por exemplo. É um sistema não muito encontrado em restaurantes comerciais, mas bem utilizado por casas que atendem à parte de alimentos e bebidas de um evento (reuniões, pequenas convenções, etc.). O grande número de comensais inviabiliza ou dificulta a realização deste sistema.

Serviços

Self Service – Os brasileiros estão acostumados a chamar assim qualquer restaurante que venda comida por quilo, mas não é esta a característica principal desse tipo de estabelecimento. Na verdade, é um tipo de serviço em que o próprio comensal vai à mesa, ou ao bufê, e se serve de acordo com sua vontade, em termos de variedade e quantidade.

À francesa – Um tipo de serviço praticamente fora de uso nos dias de hoje, mas ainda encontrado em casas de algumas famílias tradicionais, em especial no sudeste do país, ou nas recepções organizadas pelo serviço diplomático de vários países. Para executá-lo, o garçom leva a bandeja na qual está o alimento até o lado direito de cada comensal, que serve seu prato a partir da bandeja, ainda nas mãos do garçom (Fig. 5).

Figura 5 – Serviço à francesa. (Cortesia do Restaurante Pantagruel, Recife-PE)

À inglesa – O tipo mais encontrado nos restaurantes atuais, executado por garçons que trazem a comida da cozinha às mesas. Tem, entretanto, dois subtipos:

- **Direto** – O garçom apresenta a travessa com as iguarias pelo lado direito e serve o prato à mesa, pela esquerda do comensal, usando uma colher e um garfo formando o conjunto conhecido como "alicate". Esta prática permite que a travessa fique próxima à borda do prato, evitando sujar a toalha da mesa ou o próprio comensal, no caso de cair ou respingar algo da travessa (Fig. 6, **A** e **B**).

A

B

Figura 6 – **A.** "Alicate"; **B.** Serviço à inglesa direto. (Cortesia do Restaurante Pantagruel, Recife-PE)

- **Indireto** – O garçom apresenta a travessa com as iguarias pela direita do comensal e a coloca numa mesa de apoio, chamada de *guéridon*. O prato que forma a *mise en place* à frente do cliente é retirado e servido no guéridon, sendo recolocado pela direita do comensal (Fig. 7, **A** e **B**).

Figura 7 A e B – Serviço à inglesa indireto. (Cortesia do Restaurante Pantagruel, Recife-PE)

Nota: Em havendo o desejo do cliente repetir o prato, o serviço deverá ser feito de modo direto.

Table d'hôte – As travessas com as iguarias são dispostas sobre a mesa para que os próprios comensais se sirvam; muito comum nos restaurantes mais simples (Fig. 8).

Figura 8 – Serviço table d'hôte. (Cortesia do Restaurante Pantagruel, Recife-PE)

Nota: Recomendamos atenção para não confundir o sistema ***Table d'hôte*** com o serviço ***Table d'hôte***, que são coisas independentes, apesar da mesma nomenclatura.

À americana – Os garçons apenas atuam no serviço de bebidas e desembaraço das mesas, uma vez que os comensais se servem de um bufê e comem de pé ou em mesas.

Empratado – A comida vem à mesa já montada em um prato individual, sendo colocada à frente do comensal pela direita. Alguns *chefs* de cozinha consideram este serviço o mais desafiador, pois entendem um prato como uma obra de arte. Comparando-o com uma pintura, o prato é a tela na qual o artista demonstra todo o seu talento. Esse serviço é, hoje, uma tendência mundial, pois além de diminuir a quantidade de travessas e baixelas que um restaurante precisa ter ainda dispensa grandes conhecimentos de técnicas de serviço por parte dos garçons (Fig. 9).

Figura 9 – Serviço empratado. (Cortesia do Restaurante Pantagruel, Recife-PE)

Uma vez determinado o tipo de restaurante, damos início à confecção da carta.

Elaboração

O cardápio é o cartão de visitas do restaurante, praticamente o primeiro contato do cliente com a casa e responsável pela primeira impressão, boa ou má, que esse cliente vai desenvolver. É o maior responsável pelas vendas do restaurante, sendo um forte instrumento de *marketing*, devendo, para atingir de maneira ótima o seu objetivo, ser voltado ao público-alvo. Assim, sua elaboração requer alguns cuidados.

As pessoas que irão desenvolver o cardápio precisam deter os conhecer necessários para tanto: saber os requisitos para o preparo e serviço dos pratos, conhecer o mercado e as combinações e apresentações dos alimentos. Devem levar em conta, também, as limitações operacionais, que são os custos e a mão-de-obra.

Participam desse processo quatro profissionais, cada um contribuindo com informações acerca de sua área de atuação. São eles:

Chef de Cozinha – Informará a existência, na cozinha, dos equipamentos necessários à preparação dos pratos propostos, como também a disponibilidade de cozinheiros com conhecimento adequado para executar a preparação e a montagem.

Maître – Informará se sua brigada dispõe de conhecimentos e utensílios para o serviço dos pratos propostos.

Gestor financeiro – Verificará a viabilidade econômica dos novos pratos em termos de adequação às expectativas dos clientes e à lucratividade a ser alcançada.

Comprador – Conhcerá o mercado abastecedor, informando se os itens, ou ingredientes, serão facilmente encontrados nos fornecedores e/ou se sofrerão o efeito de sazonalidade (safra e entressafra do produto).

Em estruturas menores, mais simples, muitas vezes o gerente, ou proprietário, do estabelecimento tem que fazer o trabalho desses quatro profissionais.

Como vimos, um cardápio não é apenas uma lista com os pratos que a casa produz, pois isto seria apenas uma "carta de comidas", mas um instrumento para auxiliar o cliente na montagem de sua refeição, visando ao aumento das vendas do restaurante.

Para bem planejar o cardápio, precisa-se saber combinar os aspectos visuais, de paladar e de aroma dos pratos, além de fazer combinações interessantes entre alimentos e bebidas, o que muitos encaram como alquimia ou, mesmo, arte.

Os pratos que formam um menu devem ser equilibrados, variados e adequados a cada tipo de serviço, com a precaução quanto a equipamentos, utensílios ou treinamentos especiais para sua confecção e serviço (Fig. 10).

Figura 10 – Prato bem equilibrado. (Cortesia do Restaurante Pantagruel, Recife-PE)

Esses pratos devem ser compostos por ingredientes que os tornem coloridos, para dar um certo "movimento".

Imaginem uma entrada com azeitonas verdes em palitos presos à uma banda de abacate, com o prato forrado, de folhas de alface. Está tudo verde e, portanto, cansa a vista do comensal. O mesmo acontece com camarão ao curry *(condimento de coloração amarela intensa, de origem indiana, sendo na Índia chamado de Massala, constituído da mistura de várias ervas)*, guarnecido com arroz de açafrão e batatas *duchesse*: tudo amarelo. É importante lembrar que as pessoas comem primeiro com os olhos, ou seja, o aspecto visual da iguaria é fator determinante do aumento ou diminuição do apetite.

A consistência da proteína animal, das fibras e do amido que formam o prato deve ser diferente, seguindo os exemplos dos chamados pratos clássicos. Bife grelhado guarnecido com arroz integral e batatas *chips* é um bom exemplo do que não se deve fazer, pois não há nada macio. Por outro lado, *strogonoff* com creme de arroz parece uma única e grande papa.

Quando elegemos os pratos que formarão a nossa carta devemos ter o cuidado de listar preparações cujos métodos de cocção sejam diferentes, a não ser que a casa seja especializada em um único tipo, como é o caso das churrascarias, nas quais a especialidade são as carnes assadas na brasa. Isso deve ser feito para oferecer maior número de opções aos comensais. Assim, devemos ter ensopados, grelhados, "braseados", salteados, etc., sendo de grande importância que a casa esteja equipada para a confecção e o serviço dos pratos enumerados.

É considerado de bom-tom, e quase aceito como exigível, que ao lado de cada prato listado na carta apareçam, em letras menores, todos os ingredientes que o formam, para facilitar a decisão do cliente, uma vez que existem pessoas com algumas restrições alimentares (Fig. 11).

Figura 11 – Cardápio com explicação em que consiste cada prato. (Cortesia do Restaurante Pantagruel, Recife-PE)

Um exemplo prático:

Medalhões Diplomata
(Medalhões de filé grelhados, envoltos em fatias de bacon, *com molho madeira e guarnecido com arroz e fritas)*

Está sendo dito ao cliente que a preparação leva esses ingredientes e, se ele tiver restrição ao *bacon*, por exemplo, deve pedir outra ou, se possível, solicitar que seu prato não seja executado dessa maneira. Outrossim, peca-se na citação do molho Madeira *(molho francês, feito com caldo desengordurado de carne assada, cogumelos, vinho branco e vinho Madeira)*. O que é esse molho? A descrição do prato deve ser de fácil entendimento, sob pena de ele não ser pedido por desconhecimento do que possa ser. Se o cliente não sabe o que determinada preparação leva, pode não querer se arriscar a pedir ou, ainda, se for paciente, pedirá ao garçom para dizer-lhe em que consiste, tornando o serviço mais demorado e ocupando o profissional.

É importante que assim se proceda até com os pratos mais conhecidos da culinária internacional, pois o cliente não tem obrigação de conhecer os ingredientes de todos os pratos e, mesmo aqueles que os conhecem, podem perfeitamente confundir um "creme de milho" com "um milho *à la crème*". A diferença entre os dois? No primeiro, o milho é processado e, no segundo, os grãos permanecem inteiros.

Para os pratos criados na casa essa descrição torna-se essencial, já que seu criador lhes dará o nome que quiser, logicamente obedecendo a algumas regras. Uma casa poderá fazer um prato chamado "Linguado à Dona Maria", que precisará de explicação: quem é essa tal Dona Maria e como ela prepara esse linguado? Isso só não ocorrerá se o nome escolhido para o prato for algo parecido com "Linguado grelhado com manteiga de ervas e *mousse (iguaria francesa, de textura leve e cremosa, parecendo uma espuma, que pode ser doce ou salgada, devendo ser servida fria)* de cenouras".

Como mostra o exemplo citado do medalhão diplomata, na hora de se fazer a descrição, uma ordem lógica deve ser observada. Primeiro se coloca a proteína animal (medalhão de filé), depois a forma de cocção (grelhado), o tipo de molho que se usa (com molho madeira) e, finalmente, as guarnições ou acompanhamentos (arroz e fritas).

É de grande importância que a descrição seja, realmente, honesta, pois se oferecido um prato servido com aspargos frescos, os comensais não aceitarão aqueles em conserva, principalmente porque mudarão o paladar, a aparência e a consistência da iguaria.

Muita atenção à correta ortografia das palavras. É constrangedor para a casa um cliente encontrar um erro de grafia, como: calabreza em vez de calabresa. Em se tratando de palavra estrangeira, o cuidado deve ser ainda maior. Se uma casa se propõe a servir determinado prato e não sabe sequer escrever seu nome, será que o saberá preparar?

O mesmo deve ser observado com relação aos pleonasmos: *Apfelstrudel* de maçã, filé à *la Du Barry* com couve ou creme de ervilha *Saint Germain*. Todo *apfelstrudel (doce típico alemão. É uma torta de massa muito fina, recheada e montada como rocambole)* é de maçã; o termo Du Barry já indica que a guarnição é couve e Saint-Germain indica ervilhas.

Existem ainda alguns absurdos que ocorrem por desconhecimento de outras culturas, como é o caso de se apresentar um prato chamado de filé indiano por usar um molho à base de curry. Na Índia, a vaca é um animal sagrado e ninguém ousaria matá-la, ainda mais para lhe comer a carne.

A escolha das cores da capa e das folhas internas da carta deve ser feita com bom senso, pois elas deve refletir a imagem do restaurante. Uma casa de cozinha e serviço tradicionais não deveria optar por cores agressivas em seu cardápio. É aconselhável que se usem as cores da própria decoração do salão em seus vários tons, escolhendo-se a melhor combinação, pois o contraste das cores do papel e da impressão deve ser trabalhado de forma a permitir fácil visualização. Uma carta compatível, por assim dizer, com a proposta da casa ajuda a marcar o restaurante na memória de seus clientes.

Algumas combinações de cores da impressão e do papel são mais recomendadas que outras (bege com marrom, azul-marinho com branco e preto com branco), devendo-se evitar cores que possam confundir os clientes ou lhes dificultar a visualização do cardápio, o que aconteceria, por exemplo, ao se usar a mesma cor em tons diferentes (azul claro e azul-escuro, verde-claro e verde-escuro) ou, ainda, o cinza e o branco, como se segue:

Carnes	
Escalope de filé ao molho de champignons	R$..
Picanha na brasa	R$..
Filé ao Madeira	R$..
Contra-filé ao molho 4 queijos	R$..

Outro ponto de grande importância é a qualidade da carta. Já que o custo da confecção de um bom cardápio é considerável, deve-se pensar em aumentar sua vida útil: o papel e a impressão devem ser de excelente qualidade; afinal, esse instrumento passará por várias mãos todos os dias e poderá se estragar rapidamente se não for feito com material duradouro.

Algumas casas pecam por conta do tamanho dos seus cardápios, obrigando o comensal a afastar-se um pouco da mesa para poder bem segurá-lo. O cardápio deve ser de tamanho adequado, nem grande e nem pequeno demais. O mesmo se pode dizer quanto ao tamanho das letras. Existem cartas com letras tão pequenas que mal se pode ver o que vendem, como no exemplo:

Frutos do mar	
Peixe à fiorentina	R$..
Peixe à belle meunière	R$..
Bacalhau à Gomes de Sá	R$..
Camarão à maître d'hotel	R$..
Lagosta ao champagne	R$..

Imaginem a seguinte situação:

Uma mulher convida outra para um almoço, durante o qual fecharão um negócio. A primeira, talvez por vaidade, não leva seus óculos, pois enxerga relativamente bem sem eles, mas, ao chegar ao restaurante, depara-se com uma carta com letras tão pequenas que não consegue ler. Ela olha para sua convidada e pede-lhe que escolha. A outra, como não seria a pagadora da conta, sente-se encabulada e, como ainda não tem intimidade com sua nova parceira comercial, diz-lhe, educadamente, que o que esta escolher estará bem para ela. Nesse instante, a primeira tem que confessar que não estava vendo o cardápio pois esqueceu os óculos, situação bem delicada para uma senhora.

Aspecto relevante é a luminosidade do salão durante o serviço. Para montar o cardápio, é de se esperar um ambiente bem iluminado, como um escritório. Ali se pode ver bem, mas é comum casas com reguladores de intensidade da luz do salão, até como forma de tornar o ambiente mais aconchegante. Mas, e o cardápio? Consegue-se lê-lo com tão baixa luminosidade?

Deve-se ainda cuidar da quantidade de páginas do cardápio. Um cliente mais apressado pode não se dar ao trabalho de ler todo aquele "livro" diante de si e deixar de fazer melhor escolha. Reduzir o espaço entre as linhas de impressão diminui o número de páginas, mas pode confundir o cliente, tornando o cardápio visualmente poluído.

Aves	
Filé de frango à parmegiana com arroz	R$..
Frango à fiori	R$..
Frango *diet*	R$..
Frango à moda da casa	R$..
Frango a passarinho	R$..
Frango desossado grelhado	R$..
Supremo à cubana	R$..
Supremo com creme de milho	R$..
Peito de frango grelhado com legumes	R$..
Peito de frango braseado com molho agridoce	R$..
Peito de frango com creme de *Gruyère*	R$..
Peito de frango com pimenta e champignons	R$..
Carnes	
Filé com batatas fritas	R$..
Filé aos 4 queijos	R$..
Escalope à Daniel	R$..
Escalope à moda do *chef*	R$..
Strogonoff de filé	R$..
Filé à parmegiana	R$..
Filé a cavalo	R$..

O ideal é reduzir-se o número de preparações oferecidas, pois o alto número de iguarias implica em maior estoque e, conseqüentemente, mais dinheiro imobilizado.

A escolha das preparações que formarão a carta deve proporcionar várias opções em termos de formas de cocção, guarnições e preço, visando atender a uma considerável gama de clientes.

Deve-se evitar uma considerável diferença de carga de trabalho entre os membros da brigada de cozinha, sobrecarregando alguns colaboradores enquanto outros gozam de longos períodos de ociosidade. Isso gera descontentamento e problemas, pois em um ambiente de trabalho onde existam pessoas desocupadas certamente proliferarão os problemas de inter-relacionamento.

Recomenda-se que a equipe seja composta de pessoas polivalentes, evitando-se a especialização de cada membro. Por exemplo: numa casa em que o forte são os assados, o *rôtisseur (cozinheiro encarregado dos assados)* terá uma carga de trabalho muito maior que o *entremetier (cozinheiro encarregado da preparação de guarnições para os pratos)*. Outra forma de atenuar tal efeito é trabalhar com produtos pré-preparados, o que só recomendamos fazer após uma minuciosa análise dos custos relacionados a essa prática, que leva à diminuição do quadro de funcionários, mas também a maior desembolso para aquisição das matérias-primas.

No momento de listar os pratos é importante separá-los por grupos (entradas frias, sopas, entradas quentes, pescados, aves, carnes, sobremesas, etc.), pois isso favorece a montagem de uma refeição completa por parte do comensal. Dentro de cada grupo, a melhor forma de enumerar as preparações é **da mais lucrativa à menos lucrativa** e não por ordem alfabética ou ordem de preço (do maior ao menor ou vice-versa), uma vez que não obrigatoriamente o prato mais lucrativo é o mais caro. Em geral não o é.

É interessante que o cardápio tenha relação com o histórico, a localização ou o nome do restaurante, que, junto com a marca ou o logotipo, deve estar bem evidente, se possível dentro da área chamada de *focal point*. Isso serve para ajudar a associar algum prato com a casa.

Focal Point

Existem estudos sobre o ponto em que as pessoas logo põem os olhos quando manuseiam panfletos, *folders*, jornais e revistas. A esse ponto dá-se o nome de ***focal point***.

Com cardápios se dá o mesmo. Há pontos para os quais as pessoas olham assim que os têm nas mãos, o que pode ser explorado pelo restaurante para estimular as vendas de determinados pratos ou grupos de pratos.

É errado achar que todos os cardápios têm o mesmo *focal point*, pois ele muda de acordo com tipo e formato da carta. Cada um dos tipos já vistos tem seu *focal point* numa determinada posição, a qual se deve conhecer para explorar com eficiência todo o potencial do cardápio preparado e apresentado aos clientes.

Nos tipos simples e de uma dobra, o *focal point* está na porção superior direita, ou seja, traçando-se uma diagonal imaginária que ligue a ponta superior esquerda com a ponta inferior direita do cardápio, tudo o que estiver acima e à direita dessa linha estará na parte para a qual as pessoas primeiro olham:

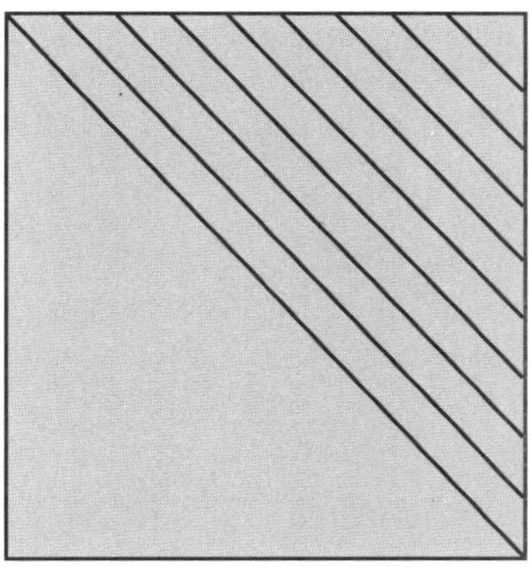

Focal point de cardápio simples

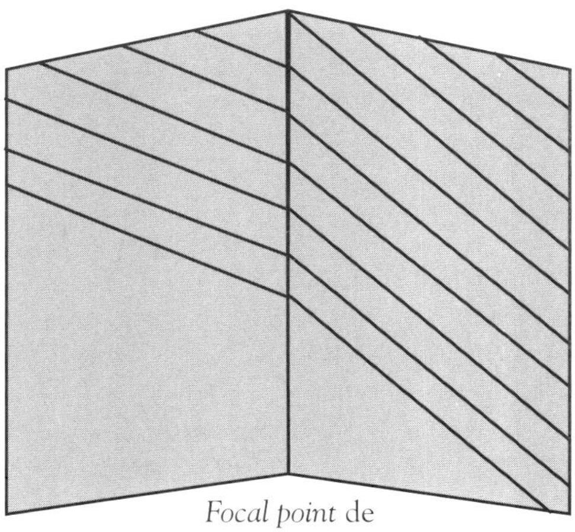

Focal point de cardápio de uma dobra

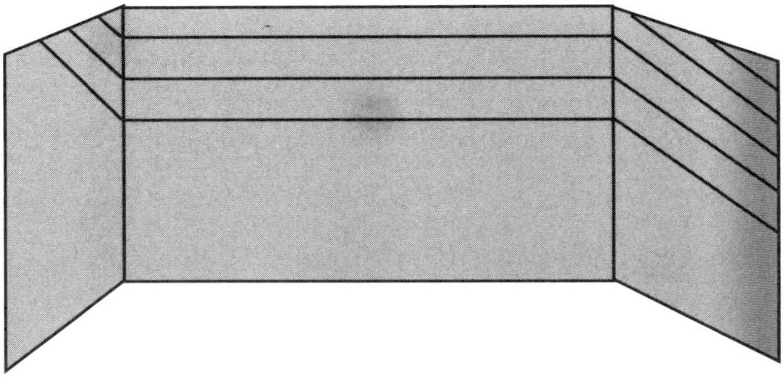

Focal point de cardápio de duas dobras

No tipo de duas dobras, essa área é formada pela porção superior direita da primeira página, porção superior da página do meio e superior direita da terceira, com uma linha diagonal partindo do meio da terceira página até sua ponta inferior direita.

Sugestão do Chef

Eis aqui uma ótima maneira de influenciar o cliente indeciso. Quem já foi à uma loja McDonald's com certeza ouviu do caixa, na hora de fazer seu pedido, "Que tal nossa McOferta nº 1?" Isso é o que se pode comparar à sugestão do *chef*. A diferença para restaurantes *à la carte* é que nestes a sugestão vem dentro da carta e não é verbal, como no exemplo.

Pesquisas realizadas pela própria McDonald's indicam que um em cada quatro indecisos acata a sugestão do caixa, ou seja, 25% deles.

Ao contrário do que muita gente pensa, a sugestão do *chef* não serve apenas para dar saída a pratos "encalhados" ou com ingredientes que estão com o prazo de validade quase no limite. É verdade, entretanto, que também pode ser usada com tal finalidade, mas é uma excelente maneira de testar a aceitação de pratos que poderão vir a ser incluídos na carta.

Cuidado, porém, com o que chamamos de "sugestão eterna". Alguns restaurantes elegem alguns pratos como sugestão do *chef* e colocam-nos na carta, onde permanecem por todo o tempo em que o restaurante estiver em atividade.

Infelizmente, essa prática não é rara. Existe uma pizzaria, em Recife, fundada por volta de 1985. Desde então ela ostenta em sua carta dois pratos como sugestão do *chef*. São eles: frango à cubana e *strogonoff* de filé. Além de contar com pelo menos 15 anos, a sugestão está fora da especialidade da casa, que são pizzas. Tudo bem, mas por que não a acrescentar à carta no local certo?

Apresentação

Como a Sugestão do *Chef* fará parte do cardápio e é um importante instrumento de *marketing* do restaurante, necessita de alguns cuidados quanto à sua apresentação; afinal, se existe um grande trabalho para preparar a seleção de pratos e a forma como a carta vai ser apresentada, não se pode, ou não se deve, estragar tudo com uma apresentação mal feita desse item. Esses cuidados são:

Separar uma área no *focal point* do cardápio para a inclusão de um cartão, com papel de qualidade semelhante ao utilizado na carta, no qual se enunciará(ão) a(s) sugestão(ões) da casa:

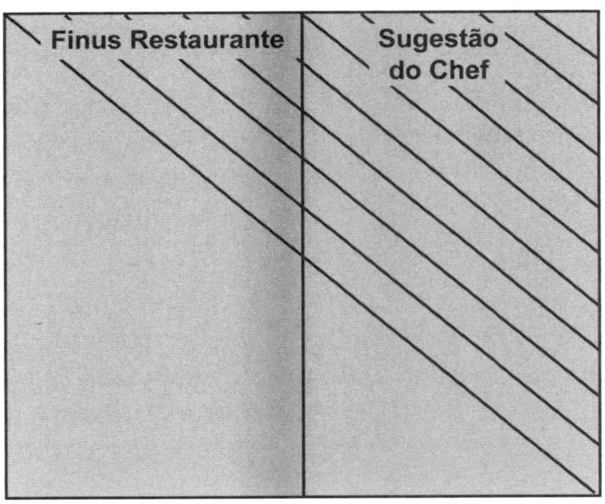

Local da sugestão do *chef*

O preço da sugestão deve ser compatível com os demais pratos da carta, pois não se trata de um produto especial, mas sim de um produto cuja venda o restaurante deseja estimular.

Há casas que colocam na sugestão uma refeição completa:

Entrada	Carpaccio	
Prato Principal	Peixe *à belle meunière*	R$ 32,00
Sobremesa	*Mousse* de laranja	

Essa refeição custará os R$ 32,00 impressos no cardápio; porém, em se fazendo isso, é interessante que o preço traga vantagens para o cliente. Se este montasse sua refeição pela carta pagaria, por esses mesmos itens, digamos que R$ 40,00. Se isso não acontece, a probabilidade da sugestão ser acatada diminui bastante. Tal prática também é uma forma de criar o hábito de se pedir uma refeição completa.

Ficha Técnica

Houve época em que tanto a matéria-prima quanto a mão-de-obra tinham um custo muito baixo, de modo que muitas casas não se preocupavam com eles, deixando seu sucesso caminhar nos braços da sorte. Depois, passou-se um tempo de alta inflação, quando os preços eram ajustados quase diariamente, o que propiciava que o dinheiro porventura perdido hoje fosse recuperado amanhã. Assim, muitos restaurantes formavam seus preços de maneira empírica, alguns até obtendo bons lucros.

Nos dias atuais, alimentos e bebidas, somados à remuneração da mão-de-obra especializada, representam altos custos que não podem mais ser repassados para os preços todos os dias, uma vez que os clientes têm parâmetros de comparação. A saída é o efetivo controle desses custos, como forma de garantir sobrevivência e crescimento do negócio. O uso de ferramentas de controle passou a ser fundamental, visando estabelecer procedimentos de elaboração e montagem dos pratos listados no cardápio, e de seus preços de venda, com foco na satisfação do cliente, que passou a ser a pessoa mais importante de qualquer empresa.

Uma das ferramentas é a **Ficha Técnica**, que pode ser conceituada como sendo uma **receita padronizada**, na qual são discriminados todos os ingredientes utilizados em cada uma das preparações. É, portanto, um instrumento gerencial e de apoio operacional, pelo qual se faz o levantamento dos custos, se ordena as etapas de preparação e montagem dos pratos que são, ou podem vir a ser, preparados pelo restaurante. A cozinha, ao preparar um prato, deve-se ater a um padrão não só para garantir a qualidade, mas também os custos fixados. A partir dessa ficha são estipulados os preços de venda de maneira a atender as expectativas da clientela do restaurante.

Esse instrumento, ou ferramenta, proporciona algumas vantagens:

Diminui as perdas na cozinha, pois padroniza as quantidades e determina os produtos que entrarão na preparação dos pratos, evitando o uso em excesso por parte dos profissionais de cozinha, conscientes dos cuidados do estabelecimento na manutenção do controle.

Dinamiza o trabalho da brigada de sala, cujos profissionais também têm acesso às fichas; ao serem questionados pela clientela sobre o conteúdo dos pratos, terão o conhecimento exato de cada preparação, podendo dar respostas precisas aos clientes.

Facilita a preparação dos pratos porquanto, uma vez elaboradas todas as fichas técnicas, o trabalho de produção acontecerá de maneira dinâmica com uma única fonte informativa em caso de dúvida quanto a alguma preparação. Haverá mais tempo para o desenvolvimento de outras atividades de suporte na cozinha, em função da racionalização do tempo.

Permite o bom treinamento de novos cozinheiros, considerando que os profissionais de cozinha, quando chegam a uma nova casa, costumam levar consigo determinados vícios quanto à forma de preparo, às bases da comida ou mesmo à completa elaboração de um prato. A ficha técnica permitirá ao novo conhecer cozinheiro conhecer forma e método usuais do estabelecimento que, sem dúvida, variam em minúcias. Facilita ainda a ascensão do profissional dentro da empresa, seguindo o padrão estabelecido pelo restaurante quanto às preparações, uma vez que a valorização do trabalho interno dos profissionais se faz necessária.

Facilita o trabalho do setor de compras pois esse departamento saberá, de antemão, os itens das diversas produções do restaurante, podendo fazer um efetivo acompanhamento dos preços no mercado abastecedor e ainda pesquisar potenciais fornecedores. Essas informações, aliadas ao consumo médio da casa, ajudarão a programar as compras do restaurante.

Ajuda no controle dos desvios porque, com as quantidades bem definidas, os profissionais de cozinha deverão se utilizar dos produtos sem abuso ou desvios intencionais, pois eles próprios estarão conscientes da existência de um controle documentado que acusará falhas no momento de uma eventual verificação de estoque.

Garante ao cliente qualidade e quantidade, porque permite ao cliente assíduo ter sempre o mesmo prato no que tange à forma de apresentação, "porcionamento" e sabor, a qualquer momento. O cliente terá satisfeitas suas preferências pessoais, o quê, para o estabelecimento, é o objetivo principal.

Nota: Ao falar de qualidade, deve-se ter em mente que o comensal a associa, geralmente, a gostos pessoais, como algo agradável, desagradável, excelente ou ruim. São comparações subjetivas que não evidenciam concretamente a qualidade. Pode ainda ser influenciada por particularidades de consumo, representados por hábitos regionais; por exemplo, preferência por pratos muito condimentados, preparações semicruas, etc.

É a base de cálculo do preço de venda dos pratos pois, como exprime o custo de cada preparação, oferece dados precisos para realização desse trabalho, servindo de informação, a qualquer momento, para alteração de valores (principalmente num momento de instabilidade econômica ou de sazonalidade dos produtos). Esta dinâmica permite alterações de preços com base na realidade do mercado no qual está inserido o restaurante, sem que seja necessário se basear na concorrência ou seguir o líder, como será mostrado no capítulo sobre formação do preço.

É importante ter em mente que a racionalização na área de produção, por meio das fichas técnicas, desde que concebidas de forma adequada e apta a fornecer informações e instrução claras à brigada, orientará forma e uso dos produtos, equipamentos e utensílios, passo a passo no processo de elaboração.

Uma vez estabelecido que determinado ingrediente irá integrar determinado prato, conforme a ficha técnica, a substituição por outro ingrediente, mesmo que semelhante, comprometerá o produto final e, conseqüentemente, a satisfação do cliente.

Estrutura da Ficha Técnica

Existem vários tipos de fichas técnicas. Apresentamos, inicialmente, o mais simples deles:

Modelo Simplificado de Ficha Técnica

Nome da receita Tamanho da receita		Custo da receita Custo da porção		
Ingredientes	Quant.	Preço	Preço limpo	Custo
Modo de preparo 1 2 3 4 5			Custo total	

Este tipo contempla apenas os ingredientes, suas quantidades, preço de compra, preço limpo, custo do que será utilizado, tamanho da receita, custo da receita e custo da porção, além do nome da preparação.

Preenchimento correto de cada um desses campos:

Nome da receita – Coloca-se, obviamente, o nome do prato a ser confeccionado. É importante frisar que se uma receita tiver alguns ingredientes mudados não deverá mais ter o mesmo nome. Por exemplo: a receita clássica do filé Chateaubriand *(prato de origem francesa, criado no séc. XIX, servido com molho à base de vinho Madeira, caldo de carne, manteiga, cebolinha e estragão picados, champignon, pimenta e gotas de limão)*[1] exige uma peça de carne de aproximadamente 400g, o que serve duas pessoas. Em se fazendo porções individuais, não se poderia mais chamar o prato de filé Chateaubriand.

Tamanho da receita – Este campo será preenchido com o número de porções que a receita renderá. Na maioria das vezes, encontramos receitas em livros ou periódicos para 4, 6 ou mais porções. Esse número é que deve ser anotado no espaço.

Custo da receita – Custo total da preparação. É a soma dos custos unitários dos ingredientes listados, o que será importantíssimo para determinação do campo ***Custo da porção***.

Custo da porção – Resultado da divisão do **Custo total** pelo **Tamanho da receita**, que corresponde ao número de porções conseguidas com aquelas quantidades de ingredientes.

Ingredientes – Todos os ingredientes do preparo.

Se a receita usar outros preparos, como é o caso de um prato cuja guarnição seja arroz à grega *(arroz branco bem solto, com ervilhas verdes, passas, salsinha picada e pedaços de cenoura e cogumelos)*, por exemplo, não é preciso listar os ingredientes desta preparação, apenas o seu nome, pois o custo deverá ser tirado da ficha técnica específica desse arroz.

Quantidade – Enumeram-se as quantidades de cada ingrediente, como se faz nas próprias receitas.

Preço – Preço de compra de cada ingrediente.

---

[1] Alguns autores consideram como correta a grafia com T - Chateaubriant

Pode-se fazer uma nova coluna para designar a forma como é comprado cada ingrediente. Exemplo: lata, quilo, pacote, etc., para facilitar o cálculo.

Preço limpo – Alguns ingredientes não têm 100% de aproveitamento (carnes, aves, peixes e alguns legumes). Portanto, para se saber o custo real de um prato, deve-se calcular o preço da porção do ingrediente que será utilizada.

No caso do filé existe uma perda de aproximadamente 30% em decorrência da limpeza da peça, quando são retirados o cordão e as peles. Assim, o preço que se paga por 1kg de filé, na verdade, será pago por 700g do ingrediente pronto para uso.

A forma de se calcular o preço do produto limpo será apresentada adiante.

Custo – É a quantidade de cada ingrediente multiplicada pelo seu preço limpo.

Custo total – Somatório dos custos dos ingredientes.

Modo de preparo – É a preparação passo a passo, não tão detalhada quanto nas receitas dos livros de culinária, pois estará recheada de termos técnicos, que existem para economizar tempo das pessoas. Isso não ocorre apenas na culinária: todas as áreas de atuação do homem possuem sua "linguagem" própria. Assim, listam-se resumidamente as etapas de preparação da receita.

Algumas fichas técnicas são mais detalhadas, tendo espaço até para uma foto do prato, para que qualquer cozinheiro o prepare e monte da maneira padrão.

Cada preparação deve ter sua ficha técnica, mesmo que não conste do cardápio, pois ela é um importante instrumento para se determinar que pratos poderão ser incluídos na carta. Por outro lado, algumas preparações, como o arroz à grega já citado, são servidas apenas como guarnição *(alimentos que acompanham ou decoram a proteína dos pratos principais)*, mas devem ter suas fichas para que o restaurante possa elaborar aquelas dos pratos que o levam como acompanhamento.

Este instrumento será de suma importância para a formação do preço do cardápio e até para escolher que preparações nele serão incluídas.

As fichas completas contam com as informações descritas na ficha simplificada mais rendimento, modo de preparo e foto do prato montado. Algumas ainda chegam ao extremo de ter até três páginas, nas quais aparecem os cálculos das calorias de cada ingrediente e do prato finalizado.

Exemplo de ficha técnica mais elaborada que a anterior, sendo recomendada para uso em restaurantes.

<table>
<tr><td colspan="2">Nome da receita
Tamanho da receita</td><td colspan="5">Custo da receita
Custo da porção</td><td>Foto</td></tr>
<tr><td>Ingredientes</td><td>Quant.</td><td>Unid.</td><td>Forma comp.</td><td>Preço</td><td>Rendimento %</td><td>Preço limpo</td><td>Custo</td></tr>
<tr><td></td><td></td><td></td><td></td><td></td><td></td><td></td><td></td></tr>
<tr><td></td><td></td><td></td><td></td><td></td><td></td><td></td><td></td></tr>
<tr><td></td><td></td><td></td><td></td><td></td><td></td><td></td><td></td></tr>
<tr><td></td><td></td><td></td><td></td><td></td><td></td><td></td><td></td></tr>
<tr><td></td><td></td><td></td><td></td><td></td><td></td><td></td><td></td></tr>
<tr><td></td><td></td><td></td><td></td><td></td><td></td><td></td><td></td></tr>
<tr><td></td><td></td><td></td><td></td><td></td><td></td><td></td><td></td></tr>
<tr><td colspan="6">Modo de preparo

1
2
3
4
5</td><td>Custo total</td><td></td></tr>
</table>

Os campos semelhantes aos do modelo simplificado devem ser preenchidos da mesma maneira. Os demais campos são:

Forma de compra – Como os produtos são adquiridos no mercado fornecedor, ou seja, se são encontrados em quilos (kg), gramas (g), latas (capacidade), mililitros (ml), litros (l), etc.

Rendimento – Representa o percentual de rendimento após a limpeza da peça. As informações a serem anotadas vêm de uma tabela resultante da observação da realidade por anos a fio.

Este campo existe pois certos alimentos mudam de quantidade após os processos, como o filé mignon, já citado, que tem um rendimento de 70% após a limpeza da peça, que consiste na retirada de todas as aponevroses e tecidos conjuntivos coloquialmente chamados de "pelancas".

Tal informação será obtida em tabelas de rendimentos, presentes em vários livros de gastronomia e de culinária, ou ainda em tabela elaborada pelo próprio restaurante, de acordo com sua experiência, pesando o ingrediente antes da limpeza e depois dela, calculando-se o percentual de perda.

Exemplo:

Pesando-se uma remessa de camarões, depois de descongelados totalmente para que o gelo não lhes altere o peso, encontraram-se dois quilos (2kg ou 2.000g).

Procede-se, então, à limpeza dos crustáceos, que consiste na retirada de cabeças, cascas e "tripa", localizada no dorso (a tripa faz parte do sistema digestivo e, não sendo retirada, pode alterar o sabor da preparação).

Os camarões agora limpos e, portanto, prontos para uso, pesam um quilo e duzentos gramas (1,2kg ou 1.200g).

Para calcular o **rendimento** desse ingrediente, divide-se o peso **depois** da limpeza pelo peso **antes** da limpeza.

$$\frac{\text{Peso } \textbf{depois} \text{ da limpeza}}{\text{Peso } \textbf{antes} \text{ da limpeza}} = \frac{1.200\text{g}}{2.000\text{g}} = 0{,}6 \text{ ou } 60\%$$

O rendimento dos camarões é de 60%.

Esse índice é utilizado para determinar a quantidade a ser comprada do produto. Se a receita pedir 600g de camarão, tem-se que comprar 1.000g (1kg) do crustáceo para obter a quantidade necessária após a limpeza.

Uma forma de evitar desperdícios e facilitar o controle dos custos é adquirir de fornecedores especializados as carnes e os legumes já os limpos e "porcionados". Há que se fazer a comparação entre os preços pagos pela peça inteira, levando-se em conta o desperdício, e o preço do produto já tratado.

Foto – A foto do prato na ficha técnica serve para garantir a padronização da montagem. Se o operador da montagem tem essa referência visual fica facilitada a manutenção do padrão. Isso implica dizer que qualquer cozinheiro executará a tarefa da mesma maneira.

Nome da receita		Camarão ao Creme					Foto
Tamanho da receita	5	Custo da receita		23,27			
		Custo da porção		4,66			
Ingredientes	**Quant.**	**Unid.**	**Forma comp.**	**Preço**	**Rendimento %**	**Preço limpo**	**Custo**
Camarão médio	1	kg	kg	11,00	60	18,30	18,30
Cebola	100	g	kg	2,20	95	2,31	0,23
Tomate	100	g	kg	1,80	100	1,80	0,18
Coentro	40	g	50g	0,20	75	0,27	0,22
Azeite	100	ml	250ml	5,20	100	5,20	2,08
Extrato tomate	30	ml	350ml	1,45	100	1,45	0,41
Creme de leite	1	lata	355ml	1,85	100	1,85	1,85
Sal e pimenta	QB						
Modo de preparo						Custo total	23,27

1 Picar e refogar verduras
2 Misturar camarão e cozinhar
3 Adicionar extrato de tomate
4 Tirar do fogo e adicionar creme de leite
5

Modelo de Ficha Técnica Preenchido

No exemplo de camarão ao creme de leite, temos:

Nome da preparação – Camarão ao creme, uma deliciosa e rápida receita.

Tamanho da receita – Cinco (5), ou seja, a receita serve cinco porções. Não devemos dizer que serve cinco pessoas, pois existem aquelas que comem mais que uma porção. Usa-se a média de 200g por porção.

Custo da receita – É igual ao custo total, indicado abaixo da coluna de custos e reflete o somatório dos custos de todos os ingredientes utilizados. No exemplo, R$ 23,27.

Custo da porção – Custo da receita dividido pelo número de porções. Assim, R$ 23,27 divididos pelas 5 porções da receita resultam R$ 4,66. Este valor é quanto custa cada uma das porções que podem ser conseguidas a partir da receita.

Pode-se calcular o **preço limpo** por regra de três simples:

Se 60% do camarão necessário custam R$ 11,00, quanto custarão os 100%? Notem que a receita pede um quilo (1kg) de camarão limpo.

Se 60% $= 11{,}00$ O produto dos extremos $60 \times x = 100.\,11$
100% $= x$ é igual ao produto dos meios

logo: $x = 100 \times 11/60$ $x = 1.100/60$ $x = 18{,}333$ ou $18{,}33$

Assim, os 100% de camarões limpos custarão R$ 18,33.

O **Custo** será encontrado pela multiplicação da quantidade do ingrediente necessário pelo preço limpo.

No caso do camarão, usa-se todo o quilo comprado mas, no caso do azeite, por exemplo, compra-se uma lata de 250ml por R$ 5,20 e só serão empregados 100ml. Então calculamos, também através de regra de três simples:

Se 250ml $= 5{,}20$ $x = 100 \times 5{,}2/250$ $x = 520/250$
100ml $= x$ $x = 2{,}08$

Os 100ml de azeite custarão R$ 2,08.

O próximo passo é somar os custos de todos os ingredientes que formam a receita.

A sigla **QB**, que aparece na ficha técnica ao lado dos ingredientes sal e pimenta, significa **Quanto Baste** e é usada para designar quantidades pequenas ou de difícil mensuração, como uma "pitada". Qual o peso de uma pitada? Essa medida depende do senso do cozinheiro.

Supondo-se que uma pitada pese 5g. Se um quilo de sal custa R$ 0,89, a quantidade a ser utilizada custaria R$ 0,00445, ou seja, menos que a metade de um centavo. Quanto isso ocorre não vale a pena computar o valor, mas deve-se mencionar o ingrediente usado; afinal, uma preparação sem aquela "pitadinha" de sal fica com o sabor completamente comprometido.

Arquivo de Fichas

Toda receita que chegar às mãos do *Chef* de Cozinha e/ou Gerente de Alimentos e Bebidas deve ser convertida em ficha técnica e arquivada por faixa de custo, para que no momento em que se fizer necessária a inclusão de novos pratos no cardápio as fichas estejam à mão e organizadas de modo a facilitar o trabalho.

É importante ressaltar que do arquivo devem constar não apenas as preparações que estão hoje na carta do restaurante, mas as que já estiveram e as que poderão estar.

Separando-as por faixa de preço fica facilitada a escolha das preparações acrescentadas ao cardápio, uma vez que este deve ser montado de acordo com as características da clientela. É incorreto imaginar, porém, que isso tenha relação com o poder aquisitivo do cliente, pois, em verdade, devemos nos preocupar com quanto o cliente deseja pagar por uma refeição. Não são raros os clientes de alta renda que não gostam de pagar caro por sua alimentação, alegando que têm uma infinidade de opções mais baratas e de boa comida. Há outros que, apesar de não terem uma renda tão expressiva, valorizam a boa comida, os pratos elaborados e a bela apresentação, estando dispostos a pagar por isso. Por isso, primeiro deve-se conhecer o cliente.

O primeiro passo para a montagem do arquivo de fichas técnicas é desenvolver as fichas das preparações básicas, como caldos, fundos e molhos e das guarnições que irão acompanhar os pratos, como arroz branco, arroz à grega, *spaghetti* ao sugo *(expressão italiana que significa molho, mais usado para designar preparações à base de tomates)*, batatas *duchesse (purê de batatas e queijo, assada em forno quente, tendo forma de suspiro)*, etc. Tais preparações entrarão nas receitas dos pratos (ver modelo a seguir) para que não seja necessário listar seus ingredientes, sendo já estabelecidos os custos limpo e *in natura*.

Nome da receita		Filé ao Molho Madeira					Foto
Tamanho da receita	1	Custo da receita		4,73			
		Custo da porção		4,73			
Ingredientes	Quant.	Unid.	Forma comp.	Preço	Rendimento %	Preço limpo	Custo
Medalhões de filé	200	g	kg	10,80	60	18,00	3,60
Molho Madeira	50	ml	l	5,80	100	5,80	0,58
Arroz branco	100	g	kg	1,25	100	1,25	0,13
Purê de batatas	100	g	kg	4,20	100	4,20	0,42
Modo de preparo						Custo total	4,73
1							
2							
3							
4							
5							

Depois são montadas as fichas de todas as preparações possíveis de ser feitas naquele restaurante. Esse é um trabalho que não se acaba, pois todos os dias podem-se descobrir novas receitas ou passar a trabalhar com determinados pratos solicitados pela clientela.

As fichas técnicas devem ser guardadas em um arquivo próprio, mas não são eternas, pois os preços dos insumos podem variar. Mesmos em tempos de economia estável observa-se variação nos preços dos ingredientes até por conta da sazonalidade a que estão sujeitos. Assim, o arquivo deve ser atualizado de tempos em tempos, o que significa refazer uma parte das fichas já confeccionadas.

Os sistemas de controle informatizados permitem a correção automática dos valores das fichas técnicas no momento em que o almoxarifado dá entrada aos produtos, lançando o preço de compra expresso na nota fiscal que acompanha a mercadoria comprada. O sistema "importa" as informações do almoxarifado para as fichas técnicas.

Formação do Preço

A correta formação, ou definição, do preço de venda de um produto ou serviço é uma das mais importantes tarefas dentro de qualquer empresa, seja ela de que ramo for.

Preço pode ser definido como sendo a remuneração monetária por um bem ou serviço. Ou ainda, o valor, em numerário (dinheiro), de um objeto ou trabalho executado, sendo importante ressaltar que preço subentende uma relação com moeda corrente e, em não havendo tal relação, tem-se apenas o valor.

Assim, o preço fixado para a venda deve ser capaz de suprir algumas necessidades da empresa, como:

- Cobrir os custos variáveis advindos do produto ou serviço
- Cobrir os custos fixos e operacionais da empresa
- Prover uma boa lucratividade, com vistas à manutenção da saúde financeira do empreendimento, bem como sua longevidade

Para as Ciências Econômicas, a fórmula genérica de preço é:

$$Q \times PV = (Q \times CVu) + CF + L$$

Onde:
Q = quantidade
PV = preço de venda
CVu = custo variável unitário
CF = custo fixo
L = lucro

Essa fórmula diz que a quantidade de unidades produzidas multiplicada pelo preço de venda é igual à mesma quantidade multiplicada pelos custos variáveis unitários mais os custos fixos do estabelecimento, mais o lucro, pois o preço deve ser capaz de manter a boa lucratividade do empreendimento.

Existem vários métodos para se formarem os preços de venda dos pratos de um cardápio. Alguns são considerados informais, pois se baseiam apenas na intuição ou na experiência das pessoas naquelas áreas de atuação; outros, formais, baseados em dados conseguidos no mercado.

Métodos Informais

Intuição

A formação do preço por esse método vem de um conhecimento empírico do mercado ou da determinação do empreendedor, ou proprietário do negócio, segundo sua percepção de mercado ou sua experiência naquele ramo de atividade. Ou seja, o proprietário, empreendedor ou gerente determina que o preço será de X valor por achar que este é o preço mais correto, baseado em sua vivência de mercado.

Exemplo: o Sr. Fulano de Tal dos Grudes tem um restaurante na cidade do Recife, contando com uma boa cozinha, que trabalha com pratos na faixa dos R$ 20,00. Ele resolve montar outra casa do mesmo tipo, mas em outro lugar qualquer e sua intuição pode-lhe dizer que, para produtos similares, deve haver preços similares, de modo que estipula os pratos do novo restaurante também a R$ 20,00.

Dizer se tal prática é errada ou certa é muito questionável, pois o Sr. Fulano de Tal pode ter sucesso em sua nova casa, o que reforçará sua opinião. Digamos apenas que esse não é o método mais seguro.

Com Base nos Competidores

O gestor do empreendimento deve fazer uma pesquisa no mercado para determinar primeiro quem são seus competidores, ou concorrentes.

Num ambiente de negócios existem aqueles agentes econômicos que oferecem produtos ou serviços similares aos de outros agentes. Diz-se, então, que são concorrentes.

Os concorrentes dividem-se em duas categorias: os primários ou diretos e os secundários. Os primários são aqueles que atuam dentro da mesma faixa mercadológica e com o mesmo segmento que o outro restaurante, enquanto os secundários atuam na mesma região de influência, mas com um segmento diferente.

A classificação dos concorrentes depende, na maioria dos casos, de fatores subjetivos, uma vez que o cliente procura estabelecimentos que satisfaçam suas necessidades e desejos, sejam eles físicos, financeiros, estéticos ou de *status*.

A definição de concorrente de um restaurante vai além da simples identificação dos demais da região. Existem diferenças de qualidade em instalações e serviços e de necessidades e desejos do público-alvo. Nesse meio, o simples fato de existirem dois restaurantes não os torna concorrentes diretos, pois há de se ver a que categoria os dois empreendimentos pertencem e qual o público-alvo de cada um.

Depois de determinados ou eleitos os concorrentes diretos do restaurante, é feita uma pesquisa para saber quanto se cobra pelos pratos naqueles estabelecimentos. De posse dessa informação, o operador ou gestor da casa monta os preços de seu cardápio.

Seguir o Líder

Essa maneira de formar os preços trabalha também com uma análise dos competidores, com a finalidade apenas de determinar quem é o líder do mercado. Uma vez identificado, seus preços são copiados para o empreendimento em questão, partindo do pressuposto de que se são bons para o líder, o serão para todos.

Tentativa e Erro

É uma forma que não leva em consideração coisa alguma. Parte de intuição e vai sendo adaptado, aos poucos, de acordo com os acertos e erros cometidos, o que pode levar ao lucro ou ao prejuízo, sem que se tenha noção do que acontecerá até que já tenha ocorrido o fechamento do balancete.

Esses métodos, ou formas de estabelecer um preço, como consideramos mais correto chamar, são largamente usados em todos os ramos de atividade.

Em tempos de economia estável, os problemas dos preços mal formados aumentam, pois a alta inflação, que levava a reajustes quase diários, propiciava a correção imediata, ou seja, o dinheiro que se perdia em um dia era ganho no seguinte. Com a estabilização da moeda e da economia, o fator preço passou a ter maior importância, pois os consumidores têm como compará-lo, sendo o aumento mais sentido.

Estabelecer um preço e o lançar no mercado, nos dias de hoje, faz com que qualquer alteração posterior seja sentida pela clientela, que pode mudar seu desejo de compra por mínimas diferenças.

Método Formal

3C

Esse método é norteado por três fatores:

(1º C) Consumidores ou clientes – Eles determinam o teto do preço, ou seja, quanto esse público está disposto a pagar por um certo produto ou serviço.

É preciso identificar o perfil do cliente que se quer ter, suas características e necessidades, pois são fatores que determinam o quanto quer gastar com algo, o que não depende de sua renda e, sim, do valor que ele agrega àquele serviço ou produto.

(2º C) Custos – Indicam o mínimo que se pode cobrar por um produto ou serviço, pois conhecer os custos permite trabalhar um preço que não traga prejuízo.

O levantamento de custos de uma empresa começa pela identificação dos custos fixos e variáveis.

Custos Fixos – São os custos que existem independentemente da operação do negócio, ou seja, despesas que o restaurante tem independentemente do resultado de suas vendas. Despesas que a casa terá se faturar ou não (aluguéis, IPTU, etc.).

Custos Variáveis – São aqueles que só ocorrem quando do funcionamento do empreendimento, pois derivam de sua operacionalização (custo dos alimentos, dos materiais de limpeza e de manutenção, etc.).

Recomenda-se manter os custos variáveis num máximo de 35% do preço de venda. O valor desses custos em cada preparação estará expresso no campo Custo da Porção das fichas técnicas.

Custos Mistos – Alguns custos são considerados mistos, pois têm uma parte fixa e outra variável, como é o caso da folha de pagamentos: se um restaurante tem empregados, mesmo que não esteja vendendo seus produtos deve pagar os salários do pessoal. Em operação, a folha pode variar, considerando-se horas extras, adicional noturno, mão-de-obra temporária, etc.; existe uma parte fixa, mínima, que a empresa vai ter que pagar e uma variável, que aparece à medida que o movimento do restaurante aumenta. Os custos mistos também devem ser incluídos no cálculo dos custos do empreendimento.

(3º C) Competidores ou concorrentes – Eles mostram como o mercado está trabalhando e, estando-se inserido nesse mercado, deve-se operar de maneira condizente com ele, a não ser que se tenha um grande diferencial em relação a todos os concorrentes.

Os três pontos representados graficamente mostram a disposição dos clientes, o valor dos custos e a realidade do que é praticado no mercado.

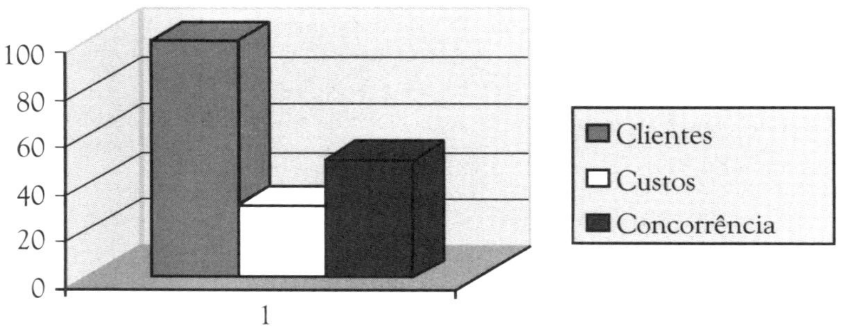

Para se formar um preço por esse método é feita uma pesquisa de mercado, para determinar a expectativa de pagamento da clientela, a realidade do mercado e quanto custa o funcionamento da casa.

Os custos totais devem ser divididos pela média de vendas do restaurante, para assim determinar o custo total unitário, que deve ser repassado ao preço unitário. Esse valor indica o mínimo a se cobrar sem se trabalhar no vermelho.

Escolha dos Pratos

Apresentados o controle e a descoberta dos custos variáveis, fixos e mistos, do quanto o cliente deseja pagar pelo produto/serviço a ser oferecido e do quê a concorrência anda fazendo, expomos um método eficiente para eleger os pratos e as preparações que integrarão a carta do restaurante.

Para a evolução do método é necessário conhecer a **Composição de Vendas** da casa.

Composição de Vendas

É a representação percentual de cada item ou grupo de itens nas vendas de uma empresa. Para determiná-la, separam-se todos os itens vendidos na casa em grupos, tais quais aparecem no cardápio impresso.

Levando-se em conta que o hábito da maioria da população brasileira consumidora dos produtos/serviços ofertados pelos restaurantes é formar uma refeição de quatro serviços (entrada, prato principal, sobremesa e bebidas), como demonstrado no capítulo Histórico, deve-se proceder da maneira seguinte:

Exemplo de nota de despesas apresentada ao cliente de um restaurante

Carpaccio de polvo	R$ 7,00
Filet au poivre	R$ 15,00
Mousse de chocolate	R$ 4,00
Água de coco (jarra)	
2 × R$ 3,00	R$ 6,00
Subtotal	R$ 32,00
10% taxa de serviço	R$ 3,20
Total	R$ 35,20

Entrada	R$ 7,00
Prato Pricipal	R$ 15,00
Sobremesa	R$ 4,00
Bebida	R$ 6,00

Aqui não serão considerados os 10% de taxa de serviço, pois este valor não será contabilizado pelo estabelecimento, por tratar-se de uma quantia destinada aos garçons, entregue por produção ou, como está sendo mais utilizado, por rateio simples entre os membros da brigada.

Teremos, então:

Grupo	Preço (R$)	%
Entrada	7,00	21,88
Prato Principal	15,00	46,87
Sobremesa	4,00	12,50
Bebida	6,00	18,75
Total	32,00	100

A composição de vendas da nota será:

Grupo	%
Entrada	21,88
Prato Principal	46,87
Sobremesa	12,50
Bebida	18,75
Total	100

Em se fazendo o cálculo não com uma conta isolada, mas com todos os produtos vendidos no restaurante, pode-se determinar a composição de vendas da casa.

Pode-se também utilizar apenas o número de itens vendidos. Assim, o restaurante deverá ter um rígido controle sobre o que vende a cada dia.

Grupo	Quantidade	%
Entrada	100	20
Prato Principal	200	40
Sobremesa	75	15
Bebida	125	25
Total	500	100

Método Invertido

É o método mais recomendado para se elaborar os preços de um cardápio e consiste em montar a conta do cliente ao contrário, partindo-se do total dos gastos, sem contar os 10%, como no cálculo de composição de vendas, até o que será o preço médio dos pratos, fazendo o sentido inverso da montagem da conta.

Para um cardápio com preços bem elaborados, em primeiro lugar deve-se pesquisar o mercado para determinar o quanto os clientes gostariam de pagar por sua refeição, encontrando um valor máximo e um valor mínimo. Por exemplo: descobriu-se que gostariam de pagar o máximo de R$ 50,00 e o mínimo de R$ 30,00.

Toda pesquisa demanda certo tempo e algum recurso financeiro. Não se dispondo de um dos dois, pode-se calcular o ***Couvert* Médio** do restaurante, que representa em média quanto os clientes costumam pagar pelos serviços de alimentação. O valor é encontrado dividindo-se o faturamento do restaurante pelo número de clientes atendidos no período que gerou o faturamento usado como referência.

Vale lembrar que, praticamente, só se pode fazer esse cálculo em uma casa já existente. Não que o mercado no qual estará inserido o empreendimento não tenha um ***couvert* médio**, mas deve ser levada em consideração a dificuldade em se conseguir o faturamento e o número exato de clientes atendidos pelos concorrentes. Assim, segue-se a fórmula:

$$\frac{\text{Faturamento do período}}{\text{Nº de clientes atendidos}}$$

Por exemplo: um restaurante que atendeu 9.000 clientes em um mês e teve um faturamento de R$ 360.000,00 tem um *couvert* médio de R$ 40,00. Usando a fórmula:

$$\frac{\text{Faturamento}}{\text{Nº de clientes}} \rightarrow \frac{360.000}{9.000} = 40$$

Logo, o *couvert* médio dessa casa é de R$ 40,00.

É importante frisar que as receitas não operacionais, ou seja, ganhos com atividades diferentes da atividade principal do restaurante, não devem ser computadas nesse faturamento. É o caso de recebimento de aluguéis de espaços, recebimentos por alguma publicidade de fornecedores, de aplicações financeiras feitas com dinheiro da empresa, etc. Já com relação ao número de clientes, deve-se usar o número total de pessoas atendidas na casa e não apenas o número de contas, pois se quer saber quanto **cada pessoa** gastou, em média, independentemente de ter ou não pago seu consumo.

Uma vez determinado o valor do *couvert* médio, deve-se colocar uma margem de variação de 25% para mais e para menos, para obter os valores máximo e mínimo necessários como parâmetros. Assim, para os R$ 40,00 encontrados:

$$40 + 25\% \rightarrow 40 + 10 = 50$$
$$40 - 25\% \rightarrow 40 - 10 = 30$$

De posse dos dois valores, seja pelo cálculo do *couvert* médio ou por pesquisa com a clientela, começa-se a montar o cardápio, cujos preços devem permitir que o valor da conta a ser paga pelo cliente fique entre esses dois valores na grande maioria dos casos, o que não quer dizer que não existirão contas mais altas ou mais baixas.

Desse valor devem ser retirados os 10% normalmente cobrados a título de taxa de serviço, atentando para o fato de que não se trata de 10% do valor e, sim, considerando que esse valor corresponde a 110% do que o cliente consumiu, pois, em verdade, a conta será montada simplesmente adicionando-se o valor. A uma conta de R$ 45,45 serão adicionados 10% de taxa, o que a elevará para R$ 49,99 ou R$ 50,00.

Aplicando esse processo no exemplo, tem-se:

$$50 \text{ ———————— } 110\%$$
$$x \text{ ———————— } 100\%$$

Com a ajuda da matemática aprendida lá na escola, que muitos julgaram de pouca utilidade prática, faz-se o cálculo por regra de três simples, que prega que o produto dos extremos é igual ao produto dos meios; então:

$$50 \times 100 = x \times 110, \text{ donde: } 5.000 = 110x$$

Para calcular o valor de "x" é presciso mudá-lo de lugar. Mais uma vez, aquela matemática nos diz que, se um termo está multiplicando, ao mudar de lado do sinal de igualdade (=) deverá estar divindo. Assim:

$$x = \frac{5.000}{110} \quad \rightarrow \quad x = 45{,}45$$

Encontrado esse valor, separa-se o que corresponderia a cada grupo, conforme a Composição de Vendas do restaurante.

Grupo	%	Valor R$
Entrada	20	9,09
Prato Principal	40	18,18
Sobremesa	15	6,82
Bebida	25	11,36
Total	100	45,45

Calcula-se isso por regra de três simples.

Para as entradas:

$$45{,}45 \text{ ———————— } 100\%$$
$$x \text{ ———————— } 20\%$$

$$45{,}45 \times 20 = x \times 100 \rightarrow 909 = 100x$$
$$x = 909 \div 100 \rightarrow x = 9{,}09$$

Para os pratos principais:

$$45{,}45 \text{ ———————— } 100\%$$
$$x \text{ ———————— } 40\%$$

$$45{,}45 \times 40 = x \times 100 \rightarrow 1.818 = 100x$$
$$x = 1.818 \div 100 \rightarrow x = 18{,}18$$

Para as sobremesas:

$$45{,}45 \text{ ———————— } 100\%$$
$$x \text{ ———————— } 15\%$$

$$45{,}45 \times 15 = x \times 100 \rightarrow 681{,}75 = 100x$$
$$x = 681{,}75 \div 100 \rightarrow x = 6{,}82$$

Para as bebidas:

$$45{,}45 \text{ ——————— } 100\%$$
$$x \text{ ——————— } 25\%$$

$$45{,}45 \times 25 = x \times 100 \rightarrow 1.136{,}25 = 100x$$
$$x = 1.136{,}25 \div 100 \rightarrow x = 11{,}36$$

O mesmo cálculo é feito para o valor mínimo encontrado, que foi, no exemplo, R$ 30,00.

$$30 \text{ ——————— } 110\%$$
$$x \text{ ——————— } 100\%$$

$$30.\ 100 = x \times 110 \rightarrow 3.000 = 110x$$

$$x = \frac{3.000}{110} \rightarrow x = 27{,}27$$

Com ajuda da composição de vendas:

Grupo	%	Valor R$
Entrada	20	5,45
Prato Principal	40	10,91
Sobremesa	15	4,09
Bebida	25	6,82
Total	100	27,27

Para as entradas:

$$27{,}27 \text{ ——————— } 100\%$$
$$x \text{ ——————— } 20\%$$

$$27{,}27 \times 20 = x \times 100 \rightarrow 545{,}40 = 100x$$
$$x = 545{,}40 \div 100 \rightarrow x = 5{,}45$$

Para os pratos principais:

$$27{,}27 \text{ ——————— } 100\%$$
$$x \text{ ——————— } 40\%$$

$$27{,}27 \times 40 = x \times 100 \rightarrow 1.090{,}80 = 100x$$
$$x = 1.090{,}80 \div 100 \rightarrow x = 10{,}91$$

Para as sobremesas:

$$27{,}27 \text{ ———————— } 100\%$$
$$x \text{ ———————— } 15\%$$

$$27{,}27 \times 15 = x \times 100 \div 409{,}05 = 100x$$
$$x = 409{,}05 \div 100 \rightarrow x = 4{,}09$$

Para as bebidas:

$$27{,}27 \text{ ———————— } 100\%$$
$$x \text{ ———————— } 25\%$$

$$27{,}27 \times 25 = x \times 100 \rightarrow 681{,}75 = 100x$$
$$x = 681{,}75 \div 100 \rightarrow x = 6{,}82$$

Foram encontrados os valores máximos e mínimos dos itens que deverão constar da carta, mas nada impede que haja pratos mais caros ou mais baratos; porém, a maioria deverá manter-se entre esses valores para garantir os valores máximo de R$ 50,00 e mínimo de R$ 30,00 na maioria das contas, pois esta é a expectativa de gasto da clientela.

Entrada →	Máximo	R$ 9,09
	Mínimo	R$ 5,45
Prato Principal →	Máximo	R$ 18,18
	Mínimo	R$ 10,91
Sobremesa →	Máximo	R$ 6,82
	Mínimo	R$ 4,09

Como foi recomendado, o custo variável dos pratos de um restaurante deve estar em torno dos 35% do preço de venda e expresso nas fichas técnicas das preparações. Então, pode-se encontrar o valor desse custo também por regra de três simples.

O próximo passo é buscar as fichas técnicas de preparações cujos custos estejam entre esses valores máximo e mínimo: por isso a necessidade da organização desse arquivo por faixa de preço. Pelas fichas serão escolhidas as preparações a serem incluídas na carta do restaurante.

Grupo	Preço Venda R$	%	Custo R$
Entrada	9,09	35	3,18
	5,45	35	1,91
Prato Principal	18,18	35	6,36
	10,91	35	3,82
Sobremesa	6,82	35	2,39
	4,09	35	1,43

Tomando como exemplo as fichas montadas no capítulo Ficha Técnica, podem-se colocar no grupo referente aos pratos principais tanto o filé ao Madeira, que tem como custo da porção R$ 4,73, quanto o camarão ao creme, que tem o custo da porção no valor de R$ 4,66. Ambos os valores estão dentro da faixa compreendida entre os R$ 6,36 máximos, e os R$ 3,82 mínimos.

Carta de Bebidas

A carta de bebidas normalmente está junto com o cardápio principal, sendo colocada nas últimas páginas, prática esta intencional: sendo as bebidas o primeiro pedido dos clientes, eles terão folheado todo o cardápio até encontrá-las, de maneira rápida, mas já propiciando uma idéia do que a casa oferece e a média dos preços cobrados. Mas nada impede que um restaurante tenha um cardápio só de bebidas.

A carta deve-se revestir, assim como o cardápio, de algumas características relativas a tamanho, conservação, limpeza, redação, legibilidade do material impresso e leiaute inserido no contexto do estabelecimento.

A carta de bebidas deve ser confeccionada com criatividade, uma vez que existem muitas formas de apresentação. O importante é que seja suficientemente clara e de fácil compreensão para os comensais. Para tal, devem-se observar alguns pontos.

Tal qual o cardápio das preparações culinárias, a carta de bebidas deve apresentar o preço de cada produto ao lado de seu nome, mesmo que se repita em outros.

O elenco de bebidas, sobretudo dos vinhos constantes em cada um dos grupos que a integram, não deve ser muito extenso. Isso, além de facilitar a escolha do cliente, evita a manutenção de grandes estoques de vinhos, o que representa um considerável custo financeiro e de espaço para o correto armazenamento.

A carta deve seguir uma ordem na distribuição dos diferentes grupos de bebidas:

- Vinhos nacionais
  - Espumantes e Champanhas
  - Brancos
  - Rosados
  - Tintos
- Vinhos importados
  - Brancos
  - Rosados
  - Tintos
- Cervejas
  - Nacionais
  - Importadas
- Águas e refrigerantes
  - Água mineral
  - Sucos
  - Refrigerantes
- Destilados
  - Aguardentes
  - Vodkas
  - Whiskies
  - Conhaques
  - Licores
- Bebidas quentes
  - Chás
  - Cafés

No item "vinhos importados" devem-se listar primeiro os sulamericanos e, depois, os dos demais países.

É importante notar que as bebidas, em especial os destilados e as quentes, são listadas de maneira a acompanhar a refeição. Abre-se o apetite com um aperitivo à base de aguardentes, vodkas ou whiskies. Depois de ter o apetite saciado, toma-se um conhaque ou licor, para ajudar na digestão e encerra-se com um chá ou café, principalmente na cultura brasileira, que não dispensa o cafezinho para terminar a refeição.

Carta de Vinhos (Fig. 12)

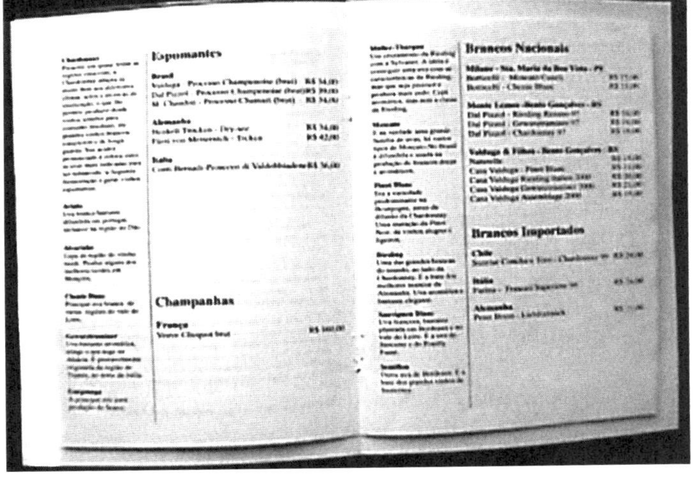

Figura 12 – Carta de vinhos. (Cortesia do Restaurante Pantagruel, Recife-PE)

Um restaurante pode ter uma carta específica para os vinhos; contudo, do ponto de vista prático, para evitar diversas cartas de comidas e bebidas circulando pelo salão, muitas casas optam por preparar uma com todas as bebidas disponíveis.

Para o caso dos restaurantes cujo "forte" de suas vendas seja o vinho, deve-se ter uma carta específica para ele. Para tais casas é até aconselhável que a carta de vinhos seja separada do cardápio, obedecendo às mesmas regras do menu principal. Parte-se do mais leve ao mais encorpado, do mais seco para o mais doce e do branco para o tinto, obedecendo-se à regra de listar os vinhos que acompanharão as entradas, os pratos principais e as sobremesas, conforme exemplificado no modelo de carta de bebidas.

Mais alguns cuidados devem ser tomados na elaboração da carta:

Todas as informações a respeito do vinho devem ser dadas: marca, safra, região, produtor, etc., em especial se a casa costuma receber conhecedores da bebida. Não é apenas uma questão de querer mostrar que o restaurante entende de vinhos, mas favorecer a escolha e atrair esse tipo de clientela que, em geral, traz um bom retorno à casa (Fig. 13).

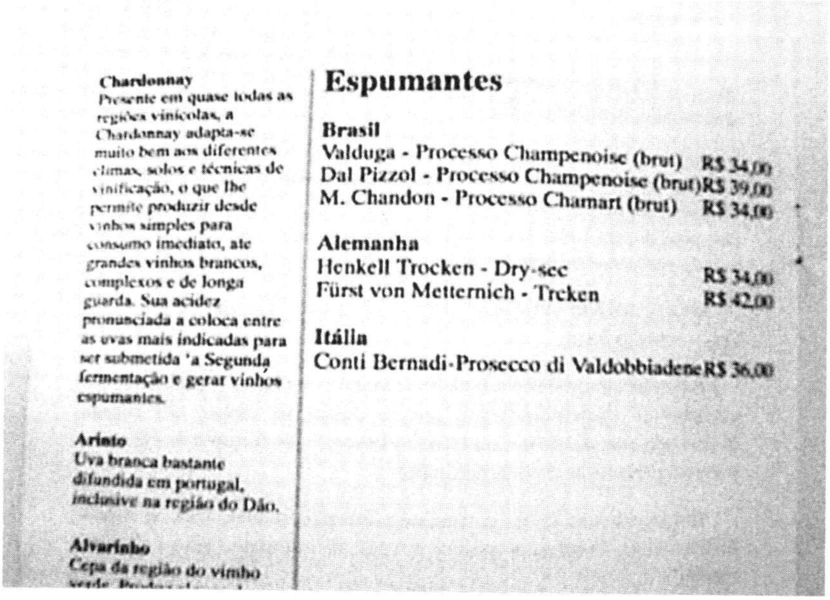

Chardonnay
Presente em quase todas as regiões vinícolas, a Chardonnay adapta-se muito bem aos diferentes climas, solos e técnicas de vinificação, o que lhe permite produzir desde vinhos simples para consumo imediato, ate grandes vinhos brancos, complexos e de longa guarda. Sua acidez pronunciada a coloca entre as uvas mais indicadas para ser submetida 'a Segunda fermentação e gerar vinhos espumantes.

Arinto
Uva branca bastante difundida em portugal, inclusive na região do Dão.

Alvarinho
Cepa da região do vinho

Espumantes

Brasil
Valduga - Processo Champenoise (brut) R$ 34,00
Dal Pizzol - Processo Champenoise (brut) R$ 39,00
M. Chandon - Processo Chamart (brut) R$ 34,00

Alemanha
Henkell Trocken - Dry-sec R$ 34,00
Fürst von Metternich - Trcken R$ 42,00

Itália
Conti Bernadi-Prosecco di Valdobbiadene R$ 36,00

Figura 13 – Detalhe de uma carta de vinhos. (Cortesia do Restaurante Pantagruel, Recife-PE)

Os vinhos ofertados devem ser compatíveis com o tipo de culinária proposta pelo restaurante. Preparações mais condimentadas exigem vinhos mais encorpados. Por outro lado, um vinho mais "maduro" pode disfarçar o paladar de pratos mais delicados. Entretanto, devemos lembrar que não se mexe com o paladar dos clientes. Se quiserem comer um delicado linguado na manteiga clarificada com um Porto, o restaurante deve atender. O que dizemos aqui é que deve se colocar à venda vinhos que combinem com os pratos executados.

Não há problema algum em oferecer vinhos servidos já abertos, em jarras ou taças. É uma boa opção para casas onde as refeições são feitas rapidamente ou ainda quando o auge do movimento é durante a semana, período em que a maioria dos clientes não está disposta a beber muito. O que se deve fazer é listá-los depois do último grupo de vinhos em garrafas, também do mais seco ao mais doce, do mais jovem ao mais velho e do branco ao tinto.

Para melhor visualização, colocamos o exemplo de uma carta de vinhos preparada com esses cuidados.

Espumantes e Champanhas

Nacionais		***Importados***	
Valduga – Chamart brut	R$..	Veuve Clicquot brut (França)	R$..
Marco Luigi – Champenoise brut	R$..		
Dal Pizzol – Champenoise brut	R$..		
M. Chandon brut	R$..		

Vinhos Brancos

Nacionais		***Importados***	
Botticelli – Moscato Caneli 97	R$..	Sunrise Chardonnay 98 (Chile)	R$..
Botticelli – Chenin Blanc 97	R$..	Fontana de Papa – Frascati 97 (Itália)	R$..
Monte Lemos – Riesling Itálico 97	R$..	Peter Brum – Liebfraumilch (Alemanha)	R$..
Dal Pizzol – Riesling Renano	R$..	Nordheim Rivaner 94	R$..
Dal Pizzol – Gewurstraminer 97	R$..	Alfred Bonnet – Riesling 94	R$..
Dal Pizzol Chardonnay 97	R$..	Lindesmans – Semillon Chardonnay 96 (Austrália)	R$..
Naturelle	R$..	Vidal Fleury – Chateauneuf-du-Pape 96 (França)	R$..
Valduga – Pinot Blanc 98	R$..		
Du Somelier – Semillon 95	R$..		
Marco Luigi – Chardonnay 99	R$..		

Vinhos Tintos

Nacionais		***Importados***	
Botticelli – Cabernet Sauvignon 97	R$..	Weinert – Carrascal 95 (Argentina)	R$..
Dal Pizzol – Gamay Beaujolais 98	R$..	Sunrise Cabernet Sauvignon (Chile)	R$..
Dal Pizzol – Cabernet Sauvignon 97	R$..	Real Vinícula – Dão 95 (Portugal)	R$..
Dal Pizzol – Pinotage 97	R$..	J. M. Fonseca – Periquita 96	R$..
Dal Pizzol – Merlot 95	R$..	JP – Tinto da Anfora 92	R$..
Do Lugar – Cabernet Franc 95	R$..	Bolla – Valpolicella 97 (Itália)	R$..
Valduga – Cabernet Sauvignon 97	R$..	Antinori – Santa Cristina 97	R$..
Valduga – Assemblage 96	R$..	Santa Trinita – Chianti 96	R$..
Valduga – Cabernet Franc 95	R$..	Renato Ratti – Piemonte Barbera 96	R$..
Marco Luigi – Merlot 96	R$..	Pogio Salvi – Lavischio 95	R$..
Marco Luigi – Cabernet Sauvignon 96	R$..	Geisweiler – Côtes du Rhône 97 (França)	R$..
		Geisweiler – Beaujolais 96	R$..

½ Garrafa		***Taças***	
Valduga – Chamart brut (espumante)	R$..	Valduga – Chamart brut (espumante)	R$..
Valduga – Riesling Itálico (branco)	R$..	Botticelli – Chenin Blanc 98 (branco)	R$..
J.M. da Foseca – Periquita 96 (tinto)	R$..	Botticelli – Moscato Caneli 98 (branco)	R$..
Bolla – Valpolicella 97 (tinto)	R$..	Naturelle (branco)	R$..
		Botticelli – Cabernet Sauvignon (tinto)	R$..

Tópicos para Análise de um Cardápio

- Os pratos listados apresentam contraste de sabor, cores e consistência?
- A cozinha está equipada para preparar aqueles pratos?
- Há uma distribuição eqüitativa dos ingredientes de custos alto e baixo?
- Os pratos, ou parte deles, exigem muito tempo de preparação ou cozinheiros especializados?
- Há muitos itens preparados pelo mesmo método de cocção?
- Há muitos itens sazonais que podem comprometer o custo?
- Os ingredientes são facilmente encontrados?
- Há itens que exigem utensílios ou serviços de mesa especiais?
- O cardápio oferece uma boa variação de preços para atender a toda gama de clientes?
- Há explicação do que existe em cada prato?

- A descrição é honesta?
- O cardápio pode ser lido com a iluminação normal do restaurante?
- Há sugestões do *chef*?
- Há alguma relação da carta com histórico, localização ou nome do restaurante?
- Os itens estão listados segundo a preferência de venda?
- A refeição completa sugerida no cardápio traz vantagens para o cliente?
- Os preços são similares aos da concorrência?
- A carga de trabalho produzida pelo cardápio está bem distribuída por toda a brigada de cozinha?
- São utilizados produtos pré-preparados para dar rapidez ao atendimento?
- Cor, forma e tamanho do cardápio são compatíveis com o tipo e a decoração do restaurante?
- As categorias de itens do cardápio estão separadas por títulos?
- A impressão é boa, legível e contrastante na carta?
- Quando existe a sugestão do *chef*, ela é feita em papel do mesmo tipo?

Bibliografia

BARRETO, R.L.P. *Passaporte para o Sabor: tecnologias para elaboração de cardápios*. São Paulo: Editora SENAC, 2000.

CAMPOS, L.C.A.M. *Introdução a Turismo e Hotelaria*. Rio de Janeiro: Editora SENAC Nacional, 1998.

CASTELLI, G. *Administração Hoteleira*. Caxias do Sul-RS: EDUCS, 1999.

COTTI, Q.F.C. *Manual de iniciação a Maître d'hotel*. São Paulo: T. A. Queiroz Editor, 1987.

DAYAN, E.I. *Restaurante: técnicas de serviço*. Caxias do Sul-RS: Editora da Universidade de Caxias do Sul EDUCS, 1990.

DITTMER, P.R. e GRIFFIN, G.G. *Principles of Food, Beverage and Labor Cost Control*. USA, 1999.

DUARTE, V.V. *Administração de Sistemas Hoteleiros: conceitos básicos*. São Paulo: Editora SENAC, 1996.

EGERTON–THOMAS, C. *How to Open and Run a Successful Restaurant*. New York, 1995.

FEMENICK, R. *Sistemas de Custos para Hotéis*. São Paulo: Editora Cenaun, 2000.

FONSECA, M.T. *Tecnologias Gerenciais de Restaurantes*. São Paulo: Editora SENAC, 2000.

GOMENSORO, M.L. *Pequeno Dicionário de Gastronomia*. Rio de Janeiro: Editora Objetiva, 1999.

MOSSO, F. *Planejamento de Cardápios*. São Paulo: Editora SENAC, 1995.

NINEMEIER, J.D. *Controles para Alimentos e Bebidas*. Salvador-BA: Instituto de Hospitalidade, 2000.

PACHECO, A.O. *Manual do Maître d'Hôtel*. São Paulo: Editora SENAC, 1999.

SCANLON, N.L. *Restaurant Management*. USA, 1993.

TEICHMANN, I.M. *Cardápios: técnicas e criatividade*. Caxias do Sul-RS: EDUCS, 1995.

Impressão e Acabamento
Oesp Gráfica S.A (Com Filmes Fornecidos Pelo Editor)
Dept° Comercial Alameda Araguaia, 1901 - Barueri - Tamboré
Tel. 4195-1805 Fax 4195 - 1384